U0916069

古代文史名著选译丛书

主编 章培恒 安平秋 马樟根

吕氏春秋选译

修订版

译注 刘文忠
审阅 董治安

凤凰出版传媒集团 凤凰出版社

图书在版编目（CIP）数据

吕氏春秋选译 / 刘文忠译注. -- 南京 : 凤凰出版社, 2011.5
（古代文史名著选译丛书）
ISBN 978-7-5506-0332-5

Ⅰ. ①吕… Ⅱ. ①刘… Ⅲ. ①杂家 Ⅳ. ①B229.21

中国版本图书馆CIP数据核字(2011)第045910号

书　　名　吕氏春秋选译
译 注 者　刘文忠
责任编辑　汪允普
出版发行　凤凰出版传媒集团
　　　　　凤凰出版社(原江苏古籍出版社)
　　　　　南京市中央路165号　邮编 210009
　　　　　发行部电话025-83223462
集团网址　凤凰出版传媒网　http://www.ppm.cn
照　　排　江苏凤凰制版有限公司
印　　刷　江苏凤凰扬州鑫华印刷有限公司
　　　　　扬州市江阳工业园蜀岗西路9号　邮编 225008
开　　本　960×1304毫米　1/32
印　　张　8.375
字　　数　136千字
版　　次　2011年5月第1版　2011年5月第1次印刷
标准书号　ISBN 978-7-5506-0332-5
定　　价　17.00元

《古代文史名著选译丛书》编委会

《古代文史名著选译丛书》修订版出版说明

呈献在读者面前的这套《古代文史名著选译丛书》是2011年的修订版。全书共134册，包括了中国从先秦至清末两三千年间的著名典籍。每部典籍都选其精粹(《论语》《老子》则全文收录)，收录原文，加以简明的注释，力求准确地译为现代汉语，并于每一篇之前写有对该文的提示性说明。这是近一个世纪以来，规模最大、收录种类相对齐全、译注质量较高的一套普及传统文化的今译丛书。

这套丛书，原在1992年—1994年由巴蜀书社分三批出齐，印行过万套；不久，又由台湾的出版机构买去海外版权在台湾及海外发行，可见这套丛书当年在两岸受欢迎的程度。时隔17年，丛书编委会决定重新修订，改由江苏凤凰出版集团所属的凤凰出版社出版。

这套丛书是由教育部属下的全国高等院校古籍整理研究工作委员会(简称古委会)于1985年策划的。古委会组织了全国18所大学的古籍整理研究所的所长任编委会编委，由我们三人任主编，在全国范围内选请学有专长的学者承担各书的译注。从1986年—1992年，历时7年完成。当时，编委会制订了严明、可行的体例和细则，译注者按要求完成书稿。每部书稿完成后，都在全国范围内请编委会之外的专门研究这一学术领域的两位专家初审，合格后再请两位编委参照初审意见审改，然后退还原译注者改正。待原译注者改正后，再由编委会集中常务编委和部分编委、相关专家在一地将每部书稿从头至尾审改。这样的集中审稿会一般都在8—15天，7年中开了12次审改会。审改后，三位主编再集中在一起逐一审定，交付出版社。这一工作程序，使得这套丛书的译注质量有了一定的提高。所以，这套丛书，在一定程度上是个人与多人合作的结果。关于这套丛书的编纂始末，我们曾在1992年4月全书交稿后写有一篇文章，这次附在修订版书末，便于读者了解。

这次修订，是交由原译注者自己修改。少数译注者已去世，则书稿一仍其旧。个别译注者已联系不上，也保持原貌。

1992年—1994年出版时，书前有当时古委会主任周林先生写的序。周林先生是这一丛书的发起者。他已于1997年6月去世，至今已14年了。为了尊重历史，也为了纪念他，修订版仍用他的序。

我们三人在1985年—1992年主持这套丛书工作时，年龄大的是从51岁到58岁之间，年龄小的是从44岁到51岁之间，那时尚有精力组织、参与这一工作，今天我们都已年逾古稀。全书修订版出版之际，心情似乎比当年更惴惴不安地期待着读者的评头品足，期待着不要对读者贻误太多。

回想这套丛书，真应该感谢我们的祖先为我们留下了这样深厚、丰富的思想、文化遗产，使我们今天仍然受用无穷。应该感谢这套丛书的全体译注者、审阅者、编委和当年的出版者巴蜀书社、今天的出版者凤凰出版社，是他们的学识、辛勤与真诚使得这套丛书得以面世。

章培恒　马樟根　安平秋

2011年3月15日

序

《古代文史名著选译丛书》与广大读者见面了。这是丛书编委会的同志与众多专家学者通力协作、辛勤耕耘的结果。

中华民族在五千年漫长的岁月里，创造了光辉灿烂的文化，给人类留下了丰富的精神财富。“观今宜鉴古，无古不成今”。今天，以马克思主义的科学理论为指导，整理研究我国古代文化典籍，做到汲取精华，剔除糟粕，古为今用，推陈出新，使人们在正确认识民族历史的同时，得到爱国主义的教育，陶冶道德情操，提高全民族的文化素质，促进社会主义文化的繁荣，使文明古国的历史遗产得以发扬光大，这是我们每个炎黄子孙的责任。而要做到这样，对古籍进行整理与研究是重要的基础工程。但是，整理与研究古籍仅作标点、校勘、注释、辑佚还不够，还要有今译，使老年人、中年人、青年人都愿意去读，都能读懂，以便从中得到教益。

基于以上认识，全国高等院校古籍整理研究工作委员会于1986年5月组成了以章培恒、安平秋、马樟根三位同志为主编的《古代文史名著选译丛书》编委会，确定了以全国十八所大学的古籍整理研究所为主力承担这一看似轻易、实则艰巨的今译任务。在第一次编委会议上，拟定了《凡例》、《编写与审稿要求》、《文稿书写格式》和一百余种书目。以每一种书为十万至十五万字计算，这套丛书大约有一千余万字，应该说是一项大工程。经过一年的努力，完成了第一批三十六部书稿的译注任务。在各研究所的专家与所长把关的基础上，于1987年5月和7月，先后在复旦大学、北京大学召开了部分编委参加的审稿会，通过了二十五部书稿，作为《古代文史名著选译丛书》与广大读者见面的第一批作品。与此同时，在1987年7月6日，邀请了在京的十几位专家教授与编委会十几位编委一起座谈这套丛书与古籍今译的问题。专家们肯定了今译工作的必要性与深远意义，并以他们数十年的教学科研和创作的经验，说明今译是一项难度很大的工作，是培养人才，使之打下坚实基本功的一种有效方法；专家们还对《古代文史名著选译丛书》提出了宝贵的建议，这对当时的审稿工作和保证《丛书》的质量起了很好的作用。

实践证明，古籍的今注不易，今译更难。没有对作品的深入、透彻的研究，没有准确、通俗、生动的语言表达能力，要想做好今译是不可能的。两年多来，全国高等院校古籍整理研究工作委员会在探索古籍的今注、今译的道路上，做了一些工作。这部丛书的出版，是系统今译的开始，说明古籍整理研究工作有了新的进展。更可喜的是，一批中青年学者参加了今注今译工作，为古籍整理增添了新生力量，相信他们会在实践中，在学习中，成长成熟。我希望，这套丛书的编委会和高校各古籍整理研究所要敞开大门，加强同国内外专家学者的联系，征求他们和广大读者的意见，并向有真才实学而又适宜做今译工作的专家学者约稿，以提高古籍译注的水平，使《古代文史名著选译丛书》的第二批、第三批作品的质量更上一层楼。

这是一套以文史为主的大型的古籍名著今译丛书。考虑到普及的需要,考虑到读者对象,就每一种名著而言,除个别是全译外,绝大多数是选译,即对从该名著中精选出来的部分予以译注,译文力求准确、通畅,为广大读者打通文字关,以求能读懂报纸的人都能读懂它。我希望这套丛书能成为中小学教师的语文、历史教学的参考书,成为大专院校学生的课外读物,成为广大文史爱好者的良师益友。由于系统的古籍今译工作还刚刚起步,这套丛书定会有不少缺点、错误,也诚恳地希望读者批评指正。

巴蜀书社要我为这套丛书写序,我欣然接受了。我相信这套丛书不仅会使八十年代的人们受益,还将使子孙后代受益,它将对祖国的繁荣昌盛起到点滴的作用。最后借此机会向曾给予我们支持、帮助的专家学者和巴蜀书社的同志表示衷心的感谢!并殷切地希望台湾同胞、港澳同胞、海外侨胞和我们一同做好祖先留给我们的文化遗产的整理工作,为中华民族灿烂的文化再放异彩而努力!

周　林

1987年10月于北京

目　录

前　言

《吕氏春秋》是先秦时代的一部重要典籍，它是在秦相国吕不韦主持下，由他的宾客门下集体编撰而成，其指导思想与吕不韦有密不可分的关系。

秦昭襄王四十二年（前 265），昭襄王立其子安国君为太子。安国君虽有子二十余人，但他宠幸的华阳夫人无子，而庶出的公子楚，因其母夏姬不受宠幸，被派往赵国做“质子”（人质）。秦国数次攻伐赵国，赵国因此对子楚很不礼貌，子楚陷入困难的处境。吕不韦本是阳翟富商，正好此时在赵都邯郸遇到子楚，以子楚为奇货可居，于是出千金而西入秦，通过多方活动，使子楚立为华阳夫人的嫡嗣。从此吕不韦弃商从政，与嬴秦王朝结下了不解之缘。

子楚即位后，称为庄襄王。庄襄王元年(前249)立吕不韦为丞相，封文信侯，食邑河南洛阳十万户。庄襄王即位三年便死去了，十三岁的太子嬴政登上了秦王的宝座，尊吕不韦为相国，称为"仲父"。《吕氏春秋》的编撰约始于此时。《吕氏春秋》的成书年代，据《序意》篇说："维秦八年，岁在涒滩，秋甲子朔。朔之日，良人请问十二纪。"高诱注说："八年，秦始皇即位八年也。"但《汉书·天文志》说："太岁在申曰涒滩。"而秦始皇即位第八个年头是"壬戌"，不是申年，这里发生了太岁纪年与干支纪年不一致的问题。依清代学者考证所谓"维秦八年"是从庄襄王灭周第二年(癸丑)算起的，吕不韦所以要从这年起算，可能是受了阴阳五行说的影响：周以火德王，秦以水德胜，所以纪年从水德代火之年算起。这样看来，《吕氏春秋》的成书当在始皇六年(前241)。

《吕氏春秋》全书包括"十二纪"、"八览"、"六论"计一百五十九篇，加上作为序文的《序意》篇，共一百六十篇。它的内容十分丰富，涉及哲学、政治、历史、科学、文化艺术等诸多方面，可以说是先秦时代的一部“百科全书”，从佐政的角度看，又像一部“资治通鉴”，天地万物古今之事，备于一书。书成之后，吕不韦曾把它“布咸阳市门，悬千金其上，延诸侯游士宾客，有能增损一字者予千金”。

由于吕不韦在政治主张与治国方针方面与秦始皇存在着较大的矛盾，因此秦始皇在亲政后的第二年（始皇十年），便借故免去了吕不韦的丞相职务，令他回到河南封地去。当时六国诸侯多与吕不韦交通，秦始皇怕他作乱，于是两年之后又将他徙居蜀地。始皇十三年（前234），吕不韦在赴蜀途中自杀。看来司马迁所说“不韦迁蜀，世传《吕览》”是靠不住的。有的研究者主张：始皇六年成书的是“十二纪”，“八览”、“六论”为迁蜀之后更令宾客完成，这只能是个推断，证据尚嫌不足。

《汉书·艺文志》把《吕氏春秋》列入“杂家”一类。从它综合百家九流、畅论天地人物看，称它为“杂家”是对的；从哲学思想上看，也可证明它具有杂家色彩。在对宇宙本体“道”的认识上，它兼采了儒道二家的学说。

老子提出“道”是宇宙的本体。“道生一，一生二，二生三，三生万物。”（《老子·四十二章》）但老子又认为“天地万物生于有,有生于无”(《老子·四十章》)。这就是说他所谓的“道”是没有任何物质属性的虚无。《吕氏春秋》认为宇宙的本原出自“太一”,这个“太一”也可称作“道”,《大乐》篇说:“太一出两仪,两仪出阴阳。阴阳变化,一上一下,合而成章。……万物所出,造于太一,化于阴阳。”这与《易传》所说“易有太极,是生两仪”,“太极生两仪,两仪生四象”,“分阴分阳,递用柔刚”等有些相近。什么是“道”呢?《吕氏春秋》说:“道也者至精也,不可为形,不可为名,强为之,谓之太一。”(《大乐》)这又与老子所说的“有物混成,先天地生,寂兮寥兮,独立不改,周行而不殆,可以为天下母。吾不知其名,字之曰道,强为之名曰大”(《老子·二十五章》)的口吻是一致的。但它又提出“道”不是虚无,而是一种具有物质属性的“精气”,它扬弃了老子“道”的唯心主义成分,对老子的“道”有所改造。《吕氏春秋》在天道观上也具有朴素的唯物主义性质,它认为天地是由“精气”形成的,精气中的轻扬者上升而成为天,重浊者下沉而成为地。在《尽数》篇中,它认为鸟兽、珠玉、树木等都是精气聚集而入于外物的表现,它把自然界的千品万汇当作精气的外化,“精气之集也，必有入也。集于羽鸟与（因）为飞扬；集于走兽与为流行；集于珠玉与为精朗；集于树木与为茂长”。它认为自然界的万物都是由精气的运动和变化所形成的，这样天或宇宙便是由物质构成的自然界了，在这一点上，它又受了荀子“天道自然”的影响，而与其他各家不同。《吕氏春秋》不相信鬼神，不承认天命，在《尽数》篇中说：“今世上卜筮祷祠，故疾病愈来。”它认为人的疫病是精气郁结而成，求神问卜是无济于事的。它对命的解释是：“命也者，不知所以然而然者也，人事智巧以举错者，不得与焉。故命也者，就之未得，去之未失。”（《知分》篇）它把命看成是不以人的意志为转移的客观必然，没有把命运的主宰看成是上天，这在当时还是有进步意义的。

在运动观上，《吕氏春秋》认为天地万物都在不断地运动，而精气的离合就是自然界运动的原动力和规律。《大乐》中说：“浑浑沌沌，离而复合，合而复离，是谓天常。”这说明它认为就连天地也是从精气离合的不断运动中产生的。《尽数》中又说：“流水不腐，户枢不蝼。”《达郁》中还指出：“病之留，恶之生也，精气郁也。故水郁则为污，树郁则为蠹，草郁则为蒉。"这说明它很重视和强调运动的重要性。并认为万事万物都只有在不断的运动中才能继续保持长久。它的这些论述都表露出了朴素的唯物主义思想。但它又认为天地万物的运动是周而复始的:"天地车轮,终则复始,极则复反,莫不咸当。"(《大乐》)这是一种形而上学的观点。它还把阴阳家的木、火、土、金、水相生相克的五行学说,运用到人类社会生活中,用以解释社会的演变和朝代的更替。虽然在《察今》篇中提出古今时势不同,"世易时移,变法宜矣",透露出关于社会进化思想的信息,但从根本上说,《吕氏春秋》还没有摆脱历史唯心主义的局限。

《吕氏春秋》的政治主张是比较系统的,它提出了一套以民本思想为基础,以仁政德治为核心,并辅之以赏罚的治国方略。仁政德治和民本思想是儒家的政治主张,孔子提出"仁者爱人"和"泛爱众而亲仁",孟子提出"民为贵,社稷次之,君为轻",这些思想都为《吕氏春秋》所吸收并从而形成自己的体系。《吕氏春秋》反对家天下,主张至公无私是为君的先决条件,它说:"昔先圣王之治天下也必先公,公则天下平矣。平得于公。……天下非一人之天下也，天下之天下也。”（《贵公》篇）在《去私》篇中又说：“诛暴而不私，以封天下之贤者，故可以为王伯。若使王伯之君诛暴而私之，则亦不可以为王伯矣。”反对家天下必然讴歌禅让，《圜道》篇指出：“尧舜贤主也，皆以贤者为后（继承人），不肯与其子孙，犹若立官必使之方（公正）。今世之人主皆欲世勿失矣，而与其子孙，立官不能使之方，以私欲乱之也。”以上这些主张，显然与儒家“天下为公”的主张是一脉相承的。儒家经典之一的《礼记·礼运》篇说：“大道之行也，天下为公，选贤与能，讲信修睦。……今大道既隐，天下为家。”这与《吕氏春秋》的主张，是十分相近的。

《吕氏春秋》从历史的经验中认识到，民众乃是国家的根本，而能否得民心，是能否使天下长治久安的决定因素。它说：“先王先顺民心，故功名成。夫以德得民心以立大功名者，上世多有之矣；失民心而立功名者，未之曾有也。”（《顺民》）可是要获得民心，就必须切切实实的为人民谋福利。《适威》篇云：“古之君民者，仁义以治之，爱利以安之，忠信以导之，务除其灾，思致其福。”它还在《精通》中强调指出：“德也者，万民之宰也。”它特别把“行德爱人”

作为德治的核心和治国的指导思想:“行德爱人,则民亲其上,民亲其上,则皆乐为其君死矣。”(《爱士》)又说:“仁于他物,不仁于人,不得为仁;不仁于他物,独仁于人,犹若为仁。仁也者,仁乎其类者也。故仁人之于民也,可以便之,无不行也。”(《爱类》)这与孔子主张的“仁者爱人”是相通的。我们知道,秦自孝公以来就推行法家路线,《吕氏春秋》的德治方针,与法家思想是针锋相对的。《吕氏春秋》也讲赏罚,但只把赏罚当作一种辅助手段,与法家主张的严刑峻法有根本的不同。它说:“凡用民,太上以义,其次以赏罚。”(《用民》)它反对凭君主主观的爱恶而施行赏罚,主张赏罚的标准应当是义(《义赏》);它还认为赏罚不能滥施,不可专恃,而要适可而止。“威太甚则爱利之心息,爱利之心息而徒疾行威,身必咎矣。”(《用民》)并认为“严罚厚赏,此衰世之政也”。(《上德》)这与法家的主张是截然不同的。

在《吕氏春秋》的德治思想中,教育与音乐占有突出的地位。它对教学十分重视,对教师特别尊重。《尊师》篇说:“义之大者,莫大于利人,利人莫大于教;知之盛者,莫大于成身,成身莫大于学。”

它还列举了尊师的具体做法，给做教师的人以崇高的地位。《吕氏春秋》十分注意音乐的作用。《适音》篇说："凡音乐通乎政，而移风平俗者也，俗定而音乐化之矣。""治世之音安以乐，其政平也；乱世之音怨以怒，其政乖也；亡国之音悲以哀，其政险也。"这与荀子《乐论》和《礼记·乐记》所持观点基本上是一致的，甚至在语言口吻上也大同小异。

《吕氏春秋》主张"君主无为"，它说："古之善为君者，劳于论人，而佚于官事，得其经也。不能为君者，伤形费神，愁心劳耳目，国愈危，身愈辱，不知要故也。"(《当染》)它在许多篇章中，反复强调君主不要陷于具体事务中，要执守无为，甚至主张君主的本分与职责是"无智、无能、无为"，因为只有君主"无智"，才能使众人"有智"，只有君主"无能"，才能使众人"有能"。(见《分职》篇)它所理想的"君道"是"大圣无事而千官尽能"。(《君守》)一位贤明的君主要"劳于求人，而佚于治事"。这些主张显然与秦始皇的强力躬行的施政方针和独裁统治是相对立的。儒家主张"垂拱而治"，道家主张"无为而治"，《吕氏春秋》的政治主张虽以儒家为主导，但在君道方面则颇近于道家。

《吕氏春秋》的战争思想也很值得注意，它不像墨子那样反对攻击性战争（见《墨子·非攻》），对于“攻无道而伐不义”（《振乱》）的战争，它是赞成的。它认为战争双方的攻击与救守无关紧要，关键要看战争的性质是正义的还是非正义的。“兵苟义，攻伐亦可，救守亦可；兵不义，攻伐不可，救守不可。”它还认为决定战争胜负的因素是战争的性质和人在战争中的智慧和勇敢；同时承认武器装备是否精良也是重要的因素，它的这种看法应该说是较正确而全面的。

此外，《吕氏春秋》还有较高的史学价值，它保存了不少为《左传》、《国语》、《战国策》等书所不载的史料。在科学技术方面，它保存了古代许多医农方面的知识，它有较完整的一套“养生”理论，要求人们在饮食、情欲方面要有所节制，它说：“肥肉厚酒，务以自强，命之曰烂肠之食。”（《本生》）又说：“圣人修节以止欲，故不过行其情也。”（《情欲》）它把“靡曼皓齿，郑卫之音”称作“伐性之斧”（《本生》），从“全性之道”出发，对于“声色滋味”，它主张“利于性则取之，害于性则舍之”（《本生》）。它认为人的精神郁结就会招致疾病，提倡运动，反对一味追求安逸舒适,“出则以车,入则以辇”。它在卫生医学方面的许多观点,都有一定的参考价值。

《吕氏春秋》十分重视农业和农业生产技术。《贵当》篇说:“霸王有不先耕而成霸王者,古今无有。”《上农》篇则较系统地论述了重农思想。它说:“古先圣王之所以导其民者,先务于农。民农非徒为地利也,贵其志也。”并进而论述了农民从事农业生产的种种好处,把重农思想提高到政治方略上加以认识。在《任地》、《辨土》、《审时》三篇中,还较集中地论述了农业生产技术,如对不同的土地要给予不同的利用,不同的土地要使用不同的耕作方法、采用不同的耕作时间。它在《审时》中说:“得时之稼兴,失时之稼约。”十分强调不误农时的重要性。这些对于研究战国时期农业生产的发展情况是不可多得的宝贵资料。

《吕氏春秋》还保存了不少古代天文历法方面的知识,如“冬至日行远道,夏至日行近道”的记述,“远道”与“近道”即今天所说的太阳的南北回归线。在十二月纪中,还按月记载了太阳、月亮的位置,记载了根据自然界的物候特征而制定节气,还记录了九野二十八宿的名称以及怪异的天象等等,这对古代天文学、历法和气象、气候学的研究均有重要的史料价值。

《吕氏春秋》在文学艺术方面，也很值得注意，它保存了一些神话传说和大量的寓言故事，它的文字通畅优美，逻辑性很强。《淫辞》篇所记“今举大木者，前呼舆謣，后亦应之”，揭櫫到文学起源于劳动的问题，常为文学史家所引用。《本味》篇所记钟子期与伯牙高山流水遇知音的故事，不仅是千古传诵的佳话，而且在音乐乃至文学艺术鉴赏史上也很有价值。在《仲夏纪》与《季夏纪》中，论述音乐（也包括舞蹈）的有七篇之多，其中对音乐的起源、作用，音律的制定，乐舞及乐器的制作等诸多问题，均有记述。它保存了音乐起源于人类对山林、溪谷、风声、鸟鸣等自然声音模仿的传说，保存了像葛天氏之乐——“牛尾舞”一类上古时代的乐舞，揭示了这些乐舞与生产劳动以及古代的祭祀等方面的关系，这对研究音乐史、舞蹈史都是非常珍贵的。

《吕氏春秋》虽然成于众人之手，汇聚了各家之言，但并非没有主导思想。关于《吕氏春秋》的主导思想，各家说法目前并不一致。郭沫若先生在《十批判书·吕不韦与秦王政的批判》一文中指出：

"《吕氏》书中关于政治理论的系统大体上是因袭儒家,虽然在君道一层颇近于道家。"陈奇猷先生在《吕氏春秋校释·附录》中,则认为"吕不韦之指导思想为阴阳家,其书之重点亦是阴阳家说。然其书成于各家各派之手,各说杂陈,故《汉志》列入于杂家亦不误"。汉代学者高诱在《吕氏春秋序》中说:"然此书所尚,以道德为标的,以无为为纲纪,以忠义为品式,以公方为检格,与孟轲、孙卿、淮南、扬雄相表里也。"从高诱的这一段话看,他认为《吕氏春秋》的指导思想以儒、道两家为主,与郭沫若先生的认识相近。关于这个问题,还有待于进一步研究。

《吕氏春秋》成于各家各派之手,其各篇所记述先秦的学术资料至为丰赡,且多佚文。陈奇猷先生多年积学,对其各篇所出之学术流派,在《吕氏春秋校释》中进行了可贵的考证和探索,成绩斐然。为了使广大读者便于进一步了解和探讨《吕氏春秋》的源流,我们在本书所选各篇的提示中摘引和记述了他的一些见解,非敢掠美,特予说明。

本书从《吕氏春秋》全书中选译了三十三篇,约占全书的五分之一。在译注过程中,曾参考了前人和时贤的有关著作。特别是许维遹先生的《吕氏春秋集释》、陈奇猷先生的《吕氏春秋校释》和张双棣等先生的《吕氏春秋译注》三书，给了我许多帮助和启发。本书的原文是以清乾隆五十三年毕沅《吕氏春秋新校正》为依据，并参照陈奇猷先生的《吕氏春秋校释》和张双棣等先生的《吕氏春秋译注》本，还有一些文字参照了其它版本。《吕氏春秋》自汉代以来，屡经缮写，脱误颇多，本书不单独作校勘记，必要的校勘，在注文中说明。由于译注者的水平所限，缺点和错误在所难免，不当之处敬希专家和读者指正。

刘文忠（人民文学出版社）

本　生

本文选自《孟春纪第一》。“本生”意即把生命当作根本，所论为养生之道。文章认为外物可以养生，也可以伤生，关键在于如何处理好人与外物的关系。如果重生轻物，“以物养性”，“利于性则取之，害于性则舍之”，把外物当作培养生命的营养，就可使生命健康成长。反之，如果无节制地追求外物，“以性养物”，就会伤生。末段所提出的“三患”，显然是规劝富贵者和君主对车马声色滋味的享受要有节制，将养生与治国之道沟通，反对骄奢淫逸。这种观点乃袭阴阳家养生之言。后为枚乘《七发》所吸收，用以规劝太子。本文在物我关系上，颇具朴素的辩证观点。

始生之者，天也；养成之者，人也。能养天之所生而勿撄之谓天子[①]。天子之动也。以全天为故者也[②]。此官之所自立也[③]。立官者，以全生也。今世之惑主，多官而反以害生，则失所为立之矣。譬之若修兵者，以备寇也。今修兵而反以自攻，则亦失所为修之矣。

夫水之性清，土者扫之[④]，故不得清。人人性寿，物者扫之，故不得寿。物也者，所以养性也，非所以性养也[⑤]。今世之人，惑者多以性养物，则不知轻重也[⑥]。不知轻重，则重者为轻，轻者为重矣。若此，则每动无不败。以此为君，悖[⑦]；以此为臣，乱；以此为子，狂。三者国有一焉，无幸必亡[⑧]。

今有声于此。耳听之必慊[⑨]，已听之则使人聋，必弗听。有色于此，目视之必慊，已视之则使人盲，必弗视。

---

① 撄（yīng 英）：触犯。 ② 全：保全。天：指天所赋予人的天性与生命。故：事。 ③ 官：职官、官吏。所自：犹所以。 ④ 扫（gǔ 古）：搅混，扰乱。 ⑤ 性养：用生命供养外物，指嗜欲过当。 ⑥ 轻重：高诱注："轻，喻物；重，喻身。" ⑦ 悖（bèi 备）：谬误，惑乱。 ⑧ 无幸必亡："必亡无幸"的倒文，言其国必亡，无可幸免（用俞樾说）。 ⑨ 慊（qiè 妾）：快意，满足。

有味于此，口食之必慊，已食之则使人瘖[①]，必弗食。是故圣人之于声色滋味也，利于性则取之，害于性则舍之，此全性之道也。世之贵富者，其于声色滋味也多惑者，日夜求，幸而得之则遁焉[②]。遁焉，性恶得不伤？

万人操弓，共射其一招[③]，招无不中。万物章章[④]，以害一生，生无不伤；以便一生，生无不长。故圣人之制万物也，以全其天也[⑤]。天全，则神和矣[⑥]，目明矣，耳聪矣，鼻臭矣，口敏矣，三百六十节皆通利矣。若此人者，不言而信[⑦]，不谋而当，不虑而得；精通乎天地，神覆乎宇宙；其于物无不受也，无不裹也[⑧]，若天地然；上为天子而不骄，下为匹夫而不惛。此之谓全德之人。

贵富而不知道，适足以为患，不如贫贱。贫贱之致物也难，虽欲过之，奚由？出则以车，入则以辇，务以自佚[⑨]，命之曰"招蹶之机"[⑩]。肥肉厚酒，务以自强，命之曰"烂肠之食"。靡曼皓齿[⑪]，郑卫之音，务以自乐，命之

---

① 瘖（yīn 音）：哑。 ② 遁：通"循"，指放纵流逸而不能自禁。 ③ 招：箭靶子。 ④ 章章：明美繁盛的样子。 ⑤ 天：这里指性与命。 ⑥ 神和：精神和畅。 ⑦ 不言而信：不说话而信义自存。 ⑧ 裹：包含。 ⑨ 佚（yì 义）：逸乐。 ⑩ 招：致。蹶（jué 决）：足病。机：机括。此句言出车入辇，过分佚乐，不重锻炼，故为招致足病的机括。 ⑪ 靡曼皓齿：指美色。靡曼，指肌肤细腻。

曰“伐性之斧”。三患者，贵富之所致也。故古之人有不肯贵富者矣，由重生故也；非夸以名也[①]，为其实也。则此论之不可不察也。

【翻译】

开始创造生命的是天，培育生命并使它成长的是人。能够培育上天所创造的生命而不危害它的人乃是天子。天子的举动，是以保全人的天性与生命为要事的，这是官吏所以设立的原因。设立官吏，正是为保全生命啊！现在的糊涂君主，滥设官吏却反而戕害生命，这就失去设立官吏的本意了。这件事好比训练军队，练兵是用来防备外寇入侵的，如今练兵却反而用来攻击自己，这也失去为什么练兵的本意了。

水的本性是清的，泥土搅浑了它，所以往往不能清。人的生命是可以长寿的，外物扰乱影响了他，所以不能长寿。外物本来是供养生命的，不能用损耗生命来求取外物。如今世上的糊涂人，多以损耗生命来求取外物，这样做是不知轻重啊。因不知轻重，就会轻重颠倒，本末倒置。如果这样，无论做什么都要失败。这样的人做君主，则谬误百出；做臣僚，则会乱法违法；为人子，必然

① 夸：虚夸。

狂妄失礼。这三种弊病，一国之中只要发生一种，就无可幸免地会遭到亡国的下场。

假如这里有一种声音，耳朵听见它必然感到快意，但听了它之后就使人耳聋，人们一定不听它。这里有一种颜色，眼睛看见它必然使你惬意，但看见它之后就使人眼瞎，人们一定不看它。有一种美味在这里，尝到它会使人满意，但吃了它之后就使人变哑，人们一定不吃它，因此圣人对声音颜色滋味，有利于生命就用它，有害于生命就舍弃它，这是保全生命的方法啊。如今世上的富贵之人，他们对待声色滋味的态度多是糊里糊涂，日夜追求，有机会得到它就纵情享受，纵情享受而不能自禁，生命怎能不受到损伤呢？

上万的人手持弓箭，共同射一个目标，这个目标没有不被射中的。万种外物明美诱人，如果用来伤害一个生命，这个生命没有不被伤害的；如果用万物来滋养一个生命，这个生命没有不长寿的。所以圣人驾驭万物，用来保全天性与生命。天性与生命保全了，精神就和畅了，眼睛就明亮了，耳朵就灵敏了，嗅觉就敏锐了，口齿就伶俐了，周身三百六十个关节都灵活舒展了。像这样的人，不用说话就信义自存，不用谋划就处处得当，不用思虑就能达到目的；精神可以通达于天地之间，把宇宙覆盖于内。他们对于万物无一不可接纳，无一不可包容，就像天地周载万物一样，他们在上可以做天子而不骄傲，在下做普通百姓而不烦恼。这就叫做道德完美的人。

富贵而不知养生之道，这样就会成为祸患，还不如贫贱的人。贫贱的人获得外物比较困难，虽想过分追求外物，外物又从哪里来呢？出门就乘车，进门便坐辇，追求安逸舒适，这种车辇就叫做“招致足病的机具”。肥肉美酒经常享用，企图以此强身，实际上这种酒肉可以称为“腐烂肠子的食物”。美女娇娃，淫靡之音，竭力追求享乐，这种美女与音乐可以称为“戕害生命的刀斧”。这三种祸患，都是富贵所招致来的。所以古代人有不愿富贵的，那是因为要保重生命的缘故，这种做法并不是沽名钓誉以夸耀自己，而是为了养生的实惠。以上这些道理是不可不明察的。

重　　己

本篇选自《孟春纪第一》，“重己”即珍重自己的生命，强调生命比什么都可贵，应小心爱惜，但爱惜要得法，否则虽慎之反而害之。珍重生命的办法是顺生而行，适欲节性，对衣食住行、声色音乐都要适度。人的“死殃”与“长寿”，决定于自己能否认识和遵循“生”的规律，能否“达乎性命之情”。这些观点表现出作者对统治阶级穷奢极欲的生活是持反对态度的。

本篇内容亦言安时处顺，与“本生”篇宗旨相近，类皆阴阳家之言。

倕①,至巧也。人不爱倕之指,而爱己之指,有之利故也②。人不爱昆山之玉、江汉之珠,而爱己之一苍璧小玑③,有之利故也。今吾生之为我有,而利我亦大矣。论其贵贱,爵为天子,不足以比焉;论其轻重,富有天下,不可以易之;论其安危,一曙失之④,终身不复得。此三者,有道者之所慎也。

有慎之而反害之者,不达乎性命之情也。不达乎性命之情,慎之何益?是师者之爱子也⑤,不免乎枕之以糠⑥;是聋者之养婴儿也,方雷而窥之于堂⑦。有殊弗知慎者⑧!

夫弗知慎者,是死生存亡可不可未始有别也。未始有别者,其所谓是未尝是,其所谓非未尝非。是其所谓非,非其所谓是,此之谓大惑。若此人者,天之所祸也。以此治身,必死必殃;以此治国,必残必亡。

夫死殃残亡,非自至也,惑召之也。寿长至常亦然。

---

① 倕(chuí 垂):一作"垂",相传是尧时的巧匠,一说为黄帝时的巧人。 ② 之:通"其"。 ③ 苍璧小玑:苍璧为石多玉少的玉石。小玑为质量较差的珠。珠之不圆者为玑。 ④ 一曙:一旦。 ⑤ 师:瞽师,即盲乐工。 ⑥ 枕之以糠:使爱子枕卧在谷糠中。糠易伤害眼睛。 ⑦ 方:正当,刚刚。窥:使动用法。之:指"婴儿"。 ⑧ 殊:过,甚。

故有道者不察所召，而察其召之者，则其至不可禁矣①。此论不可不熟。

使乌获疾引牛尾②，尾绝力勯③，而牛不可行，逆也。使五尺竖子引其棬④，而牛恣所以之，顺也。世之人主贵人，无贤不肖，莫不欲长生久视，而日逆其生，欲之何益？凡生之长也，顺之也；使生不顺者，欲也。故圣人必先适欲。

室大则多阴，台高则多阳，多阴则蹷，多阳则痿。此阴阳不适之患也。是故先王不处大室，不为高台，味不众珍，衣不燀热⑤。燀热则理塞，理塞则气不达；味众珍则胃充，胃充则中大鞔⑥，中大鞔而气不达。以此长生可得乎？昔先圣王之为苑囿园池也，足以观望劳形而已矣⑦；其为宫室台榭也，足以辟燥湿而已矣；其为舆马衣裘也，足以逸身暖骸而已矣；其为饮食酏醴也⑧，足以适

① 其：指死殃残亡和长寿两者。 ② 乌获：秦武王的力士，据说能举千钧。 ③ 勯(dān 单)：力尽。 ④ 棬(quàn 劝)：同“桊”。《说文》：“桊，牛鼻上环。” ⑤ 燀(dǎn 胆)：过度，厚。 ⑥ 中：指胸腹腔。鞔(mèn 闷)：通“懑”，闷胀。 ⑦ 劳形：劳动身体。古人以劳形为养生之法。古代名医华佗曾说：“人体欲得劳动，但不当使极耳。动摇则谷气得销，血脉流通，病不能生。”(《三国志·华佗传》) ⑧ 酏(yí 移)醴：用黍粥酿制的甜酒。

味充虚而已矣；其为声色音乐也，足以安性自娱而已矣。五者，圣王之所养性也，非好俭而恶费也，节乎性也①。

【翻译】

工匠倕是最巧的人，但人们不爱倕的手指，却爱自己的手指，这是因为自己的手指对自己有用的缘故。人们不爱昆山的美玉和江、汉的明珠，却爱惜自己所有的一块含玉很少的劣质玉石和一颗不太圆的小珠子，因为这些东西对自己有用的缘故。如今我的生命属于我所有，这给我带来了极大的好处。就生命的贵贱来说，即使是天子的爵位，也不能与生命相比。若论它的轻重，即使富有天下，也不能与生命交换。若就生命的安危而言，一旦失掉它，就永远不可能再获得。这三条原因使有道之人对生命特别小心谨慎。

有人对生命虽小心谨慎却反而伤害了它，这是不了解生命情性的缘故。不通达生命的情理，对它谨慎小心又有什么好处？这如同盲乐工很爱自己的儿子，却往往使儿子枕卧在谷糠之中；又如同聋子养育婴儿，正在打雷的时候却拖着他从堂上往外看，这比起对生命不知小心谨慎的人有过之而无不及！

① 节乎性：节制性情，使其适度。

那种对生命不知小心爱惜的人，他们对生死存亡、什么可行什么不可行从未分辨清楚过。那些对此分辨不清的人，他们认为正确的未必正确，他们认为不正确的也未必就不正确。他们把错误的东西当作正确的，又把正确的事物当成错误的，这就叫做“大糊涂虫”。像这种人，正是上天所要降灾的人。持这种态度修身，必然死亡或遭殃，持这种态度来治理国家，国家必定残破或灭亡。

死亡、灾祸、残破、灭亡，都不是自行到来的，而是愚蠢迷乱所招来的。长寿的到来也往往是这样。所以有道之人不去考察已招致的结果，而去考察招致这种结果的原因，这样便可知死殃和长寿的到来都是不可禁御的。这个道理不可不深知。

假使让大力士乌获用力拽牛尾巴，即使把尾巴扯断力气用尽，而牛也不随他行走，因为方向反了。假如让五尺高的儿童牵着牛的鼻环，牛就会任他拉到哪里，这是因为方向顺了。世上的君主贵人，不论好的和坏的，没有不想长寿的，但他们却往往违背生命的天性，虽想长寿又怎能长寿呢？大凡生命的成长，都要顺遂它的天性，使生命不顺天性的东西是人欲横流，所以圣人必须首先节制人欲。

屋子大了就阴气多，台榭高了则阳气盛，阴气多就会受寒病倒，阳气盛就会患不能行走的痿病，这是阴阳二气不协调的祸患。因此古代帝王不住大屋，不筑高台，饮食不吃众多的山珍海味，衣服不求过暖。衣服过暖就会使脉理闭结，脉理闭结就会气不通畅。山珍海味吃得多了胃就会过饱，胃过饱就会产生肚胀胸闷，肚胀胸闷气就会不通畅，像这样求长寿能办到吗？从前，古代圣王建造园林池塘，足以游览、活动一下身体就可以了；他们建造的宫室台榭，足以在那里避燥热和防潮湿就可以了。他们制造的车马衣裘，只要足以安身暖体就可以了；他们置备的饮食酒浆，只要足以可口吃饱肚子就可以了；他们陈设的音乐歌舞，只要足以使性情安闲愉快就行了。这五种东西，圣人用它们来养生，并非是爱好节俭而厌恶浪费，而是为了调节性情啊！

贵　公

本篇选自《孟春纪第一》，旨在规劝人君要以“公”治天下，“必先公”才能“天下平”。而所谓公，就是指“不偏不党”，“万民之主，不阿一人”。在任人上要举贤授能，行公正、去私恶，向人民施利而不谋私利。文章提出的“天下非一人之天下也，天下之天下也”的观点很值得注意。但文中也有些看法是片面的。如认为凡得天下者，“其得之以公，其失之必以偏，凡主之立也，生于公”。

本篇所言“天下非一人之天下也，天下之天下也”，与《恃君》篇“置君非以阿君也，置天子非以阿天子也”，旨意相同。且《恃君》有“利而勿利"之言，与本篇"利而勿利也"亦相同，皆道家伊尹学派之家法，当无可疑。

昔先圣王之治天下也，必先公。公则天下平矣。平得于公。尝试观于上志①，有得天下者众矣，其得之以公，其失之必以偏。凡主之立也，生于公。故《鸿范》曰②："无偏无党，王道荡荡。无偏无颇，遵王之义。无或作好③，遵王之道。无或作恶，遵王之路。"

天下非一人之天下也，天下之天下也。阴阳之和，不长一类；甘露时雨，不私一物；万民之主，不阿一人④。

伯禽将行⑤，请所以治鲁。周公曰⑥："利而勿利也⑦。"

荆人有遗弓者，而不肯索，曰："荆人遗之，荆人得之，又何索焉？"孔子闻之曰："去其'荆'而可矣。"老聃闻之曰⑧："去其'人'而可矣。"故老聃则至公矣。

---

① 上志：古记，指古代典籍。 ②《鸿范》：又作"洪范"，《尚书·周书》中的一篇。 ③ 或：有。今本《尚书·洪范》"或"字并作"有"。 ④ 阿：偏袒。 ⑤ 伯禽：周公之子，周成王封之于鲁，为鲁国的始祖。 ⑥ 周公：姓姬，名旦，武王之弟，成王之叔，曾辅佐成王。 ⑦ 前一"利"为施利，后一"利"为谋利。 ⑧ 老聃(dān 丹)：即老子，春秋战国时楚苦县人，相传《老子》(《道德经》)为他所著。

天地大也，生而弗子[1]，成而弗有，万物皆被其泽，得其利，而莫知其所由始。此三皇五帝之德也[2]。

管仲有病[3]，桓公往问之[4]，曰："仲父之病矣，渍甚，国人弗讳，寡人将谁属国？"管仲对曰："昔者臣尽力竭智，犹未足以知之也。今病在于朝夕之中，臣奚能言？"桓公曰："此大事也，愿仲父之教寡人也。"管仲敬诺，曰："公谁欲相？"公曰："鲍叔牙可乎[5]？"管仲对曰："不可。夷吾善鲍叔牙。鲍叔牙之为人也，清廉洁直；视不己若者，不比于人；一闻人之过，终身不忘。""勿已，则隰朋其可乎[6]？""隰朋之为人也，上志而下求，丑不若黄帝[7]，而哀不己若者。其于国也，有不闻也；其于物也，有不知也；其于人也，有不见也。勿已乎，则隰朋可也。"

夫相，大官也。处大官者，不欲小察，不欲小智，故

---

① 子：意动用法，以为子。 ② 三皇五帝：传说中的上古帝王，三皇指伏羲（xī 西）、神农、燧人。五帝指黄帝、颛顼（zhuān xū 专须）、帝喾（kù 酷）、尧、舜。亦有其他的说法。 ③ 管仲：春秋齐人，名夷吾，字仲，曾辅佐齐桓公成为春秋五霸之一。 ④ 桓公：即齐桓公，姓姜，名小白，春秋时齐国国君。 ⑤ 鲍叔牙：齐大夫，贫贱时即与管仲相友善，是管仲最要好的朋友。 ⑥ 隰（xí 席）朋：齐大夫，曾助管仲相桓公，成霸业，平戎于晋，与管仲同年卒。 ⑦ 丑：意动用法，以……为耻辱。此句言以自己不如黄帝而感到羞耻。

曰：大匠不斫，大庖不豆[①]，大勇不斗，大兵不寇。

桓公行公去私恶，用管子而为五伯长[②]；行私阿所爱，用竖刀而虫出于户[③]。

人之少也愚，其长也智。故智而用私，不若愚而用公。日醉而饰服，私利而立公，贪戾而求王，舜弗能为。

【翻译】

过去先代圣王治理天下，必定首先讲求公正无私。公正无私天下就太平了。太平是由于公正无私。试请考察一下古代的记载，曾经取得天下的人是相当多的，他们取得天下是靠公正，他们丧失天下必定是因为偏私。大凡一国之主居于君位，总要出于公正无私。所以《尚书·鸿范》中说："不要偏私和结党，王道是多么浩荡宽广。不要偏不要歪，先王之法要遵循。不要私施小恩小惠，一切要遵先王之道。不要擅自作威作福，要遵循先王的正路。"

① 大庖(páo 咆)：手艺高超的厨师。豆：祭祀用的笾豆。这里作动词用，摆设笾豆一类食器。 ② 五伯(bà 罢)：通常写作"五霸"，指齐桓公、晋文公、秦穆公、宋襄公、楚庄公，他们是春秋时势力强大、称雄一时的诸侯。 ③ 竖刀(diāo 刁)：一作"竖刁"，齐桓公的近侍。桓公时，五子争立，竖刀参与作乱，桓公尸体停床六十余日，以至尸虫爬出户外。

天下不是一个人的天下，而是天下人的天下。阴阳的调和，不是只为某一物种的生长，甘美及时的雨露，并不偏私某一生物。作为万民之主的国君，不能偏袒某一个人。

伯禽将去鲁国，临行前向其父请教治理鲁国的方法。周公说："施利给人而不要谋私利。"

有个荆楚地区的人丢了弓，却不肯去寻找，说："荆人丢了它，别的荆人又拾到它，又何必去寻找呢？"孔子听说这件事，说："他的话中再去掉那个'荆'字就合适了。"老子听到这件事，说："再去掉那个'人'字就更合适了。"所以老子是最为公正的。

天地是多么广大啊，生育了人民而不作为自己的儿子，成就万物而不占为己有，万物都蒙受它的恩泽，得到它的好处，却不知这些恩泽与好处是从哪里来的，这就是三皇五帝的品德啊。

管仲得了病，桓公去问候他，说："您的病相当重了，国人也不讳言您的死生问题了，我将把辅国的重任交给谁呢？"管仲回答说："过去我竭尽心力去考虑，还不知道谁接任我的工作合适，如今我的病危在旦夕，我如何能谈论这件事呢！"桓公说："是大事啊，望仲父能教导我。"管仲恭敬地允诺了，说："您想让谁当宰相呢？"桓公说："鲍叔牙行吗？"管仲回答说："不行，我与鲍叔牙很要好，鲍叔牙的为人嘛，清廉纯洁正直；他看待不如自己的人，不屑与之为伍，一旦闻知别人的过失，终生不能忘记。”桓公说：“不得已的话，那么隰朋是否可以？”管仲说：“隰朋的为人嘛，能熟谙上世贤人并注意效法他们，而且不耻下问，以其德不如黄帝而感到惭愧，对不如自己的人哀怜同情，对于国政，有些不该管的他就不去打听；对于事务，有些不需他了解的，就不去过问；对于人，有些小缺点他装作没看见。不得已的话，那么隰朋是可以的。”

宰相是大官呀，当大官的不要只盯住细微末节的事，不要耍小聪明。所以说：手艺高超的木匠不亲自动手砍削，高明的厨师不亲自动手摆列食器，大勇之人不亲自参加战斗，威武之师不干寇盗之事。

齐桓公秉持公正而排除私仇，任用管仲而成为五霸之首；他又营私利偏袒所宠爱的人，任用竖刀，以致自己死后国家大乱，连尸虫都爬出门外。

人在少年时代无知，长大了便会聪明。要是聪明的人去谋私利，还不如那些无知而能秉公的人。天天喝得醉醺醺的却还要整饰衣服，牟取私利却要树立公正，贪婪残暴却要称王天下，就连舜也办不到。

去　私

本篇选自《孟春纪第一》，文章先从天地、日月、四时的无私说起，从自然界而推及人事，举出尧舜禅让，祁黄羊荐贤，腹䵍诛子，庖子调味而弗食等事例，说明何谓至公与无私。最后指出君主只有“诛暴而不私”，才可以为王霸。这显然是规劝君主要从无私的角度出发，举贤授能，法不阿贵，去私欲，封贤者。其见解至今仍然值得借鉴。

按，墨学以损人利己为乱源，故以去私为法，本篇称颂墨之钜子公而无私，是必与墨子学派有关。

天无私覆也，地无私载也，日月无私烛也，四时无私行也。行其德而万物得遂长焉。

黄帝言曰："声禁重，色禁重，衣禁重，香禁重，味禁重，室禁重①。"

尧有子十人，不与其子而授舜；舜有子九人，不与其子而授禹：至公也。

晋平公问于祁黄羊曰②："南阳无令③，其谁可而为之？"祁黄羊对曰："解狐可④。"平公曰："解狐非子之雠邪？"对曰："君问可，非问臣之雠也。"平公曰："善。"遂用之。国人称善焉。居有间，平公又问祁黄羊曰："国无尉，其谁可而为之？"对曰："午可⑤。"平公曰："午非子之子邪？"对曰："君问可，非问臣之子也。"平公曰："善。"又遂用之。国人称善焉。孔子闻之曰："善哉！祁黄羊之论也，外举不避雠，内举不避子。"祁黄羊可谓公矣。

---

① "黄帝言曰"以下数句，与前后文义并不相关，苏时学推断："盖必《重己》篇内所引，而后人转写错误，混入此篇者。" ② 晋平公：晋悼公之子，名彪。祁黄羊：晋大夫，名奚，字黄羊。据《左传·襄公三年》记载，黄羊荐贤事发生在晋悼公时。 ③ 南阳：在今河南获嘉县北。 ④ 解狐：晋大夫。 ⑤ 午：指祁午，祁黄羊之子。

墨者有钜子腹𦏁[①]，居秦，其子杀人，秦惠文王曰[②]："先生之年长矣，非有他子也，寡人已令吏弗诛矣，先生之以此听寡人也。"腹𦏁对曰："墨者之法曰：'杀人者死，伤人者刑。'此所以禁杀伤人也。夫禁杀伤人者，天下之大义也。王虽为之赐[③]，而令吏弗诛，腹𦏁不可不行墨者之法。"不许惠王，而遂杀之。子，人之所私也。忍所私以行大义[④]，钜子可谓公矣。

庖人调和而弗敢食，故可以为庖。若使庖人调和而食之，则不可以为庖矣。王伯之君亦然。诛暴而不私，以封天下之贤者，故可以为王伯。若使王伯之君诛暴而私之，则亦不可以为王伯矣。

【翻译】

上天覆盖万物，是没有偏私的；大地承载万物，是没有偏私的；日月普照万物，是没有偏私的；春夏秋冬四季的运行，也是没有偏私的。它们对万物施以恩泽，于是

---

① 墨者：指战国时的墨家学派，创始人为墨翟（dí 敌）。腹𦏁（tūn 吞）："腹"是姓，"𦏁"是名。墨家学派中有重大成就的人物，故称"钜子"。 ② 秦惠文王：名驷，公元前 337—前 311 年在位。 ③ 为之赐：赐给我恩惠，指秦惠文王赦免腹𦏁之子的死罪。 ④ 忍所私：指忍痛杀所私。"忍"含残杀之意。所私，这里指儿子。

万物得以成长。

黄帝说过："音乐禁止淫靡，色彩禁止过于眩目，衣服禁止过于厚暖，香气禁止过浓，饮食禁止过于丰盛，宫室禁止过于高大。"

帝尧有十个儿子，但他不把帝位给予儿子而给与舜；舜有九个儿子，他不把帝位传给儿子而传给了禹；他们是最公正无私的了。

晋平公问祁黄羊说："南阳缺个县令，谁可以担任这个职务？"祁黄羊回答说："大夫解狐可以。"晋平公说："解狐不是你的仇人吗？"祁黄羊回答说："您问的是谁可以担任这个职务，没有问谁是我的仇人。"平公说："好！"于是就任用了解狐。国人都赞美这件事。过了一段时间，平公又向祁黄羊问道："国家缺个军尉，谁可以担任这个职务？"祁黄羊回答说："祁午可以。"平公说："祁午不是你的儿子吗？"祁黄羊回答说："您问的是谁可担任这个职务，不是问谁是我的儿子。"平公说："好！"于是又任用了祁午。国人又都赞美这件事。孔子知道了这件事说："祁黄羊的这些话说得太好了！举荐人才外不避仇敌，内不避亲子。"祁黄羊可以称得上公正无私了。

墨家学派有一个大师叫腹䵍，住在秦国，他儿子杀了人，秦惠文王对腹䵍说："腹先生的年纪大了，又没有别的儿子，我已命令下属官吏不要杀他，先生在这件事上就听我的吧!”腹䵍回答说:“墨家的法规说:‘杀人者处死,伤人者受刑。’所以这样做是为了严禁杀人、伤人。严禁杀人伤人,这是天下的大义,大王您虽然给了我恩惠,命令官吏不杀我的儿子,但是我腹䵍不能不执行我们墨家的法规。”腹䵍没有同意惠王的赦免,而后便杀了儿子。儿子是人们最偏爱的,忍痛杀掉自己所偏爱的儿子以伸张大义,腹䵍可以称得上公正无私的人。

厨师调和五味而不敢私自食用,所以可以做厨师,假使厨师调好五味而吃掉它,就不可以当厨师了。称王成霸的君主也是如此。诛除暴君却不占有土地,把土地分封给有德之人,所以能够成就王霸之业。假若他们诛除暴君而把土地占为己有,这就不能成就王霸之业了。

贵生

本篇选自《仲春纪第二》,论述的是养生之道,劝人珍惜生命。本篇列举了子州支父辞天下而不受、王子搜不肯为君、颜阖逃避富贵等事例,说明生命的价值比得天下还重要,比随侯之珠还宝贵,凡有害于生命的事就不应去做。后半部分阐述了道家子华子学派的学说,将“全生”、“亏生”、“死”与“迫生”进行了比较与分等,认为苟且偷生不如死,行不义不如死,批判了“好死不如赖活着”的“活命哲学”,并认为“贵生”不包括“迫生”在内。文章以“六欲得其宜”与否以区别“全生”、“亏生”、“死”与“迫生”,显然是从人的天性出发的。

圣人深虑天下，莫贵于生。夫耳目鼻口，生之役也[①]。耳虽欲声，目虽欲色，鼻虽欲芬香，口虽欲滋味，害于生则止。在四官者不欲，利于生者则弗为[②]。由此观之，耳目鼻口不得擅行，必有所制。譬之若官职，不得擅为，必有所制。此贵生之求也。

尧以天下让于子州支父[③]，子州支父对曰："以我为天子犹可也。虽然，我适有幽忧之病，方将治之，未暇在天下也。"天下，重物也，而不以害其生，又况于他物乎？惟不以天下害其生者也，可以托天下。

越人三世杀其君[④]，王子搜患之[⑤]，逃乎丹穴[⑥]。越国无君，求王子搜而不得，从之丹穴。王子搜不肯出。越人熏之以艾，乘之以王舆。王子搜援绥登车，仰天而呼曰："君乎！独不可以舍我乎？"王子搜非恶为君也，恶为君之患也。若王子搜者，可谓不以国伤其生矣。此固越人之所欲得而为君也。

---

① 这句是说：为生而服役。"生"是君（主宰），故称耳目口鼻为"役"，即言它们要为生命服务（用毕沅说）。 ② 弗：衍文（用陈昌齐说）。 ③ 子州支父：古代的贤人，相传他是帝尧的老师，尧和舜都曾想把天下让给他。 ④ 三世杀其君：据《竹书纪年》载，这三个被杀的越君是不寿、翳、无余。 ⑤ 王子搜：梁玉绳据《史记·越世家》索引，认为搜即越王翳之子无颛。 ⑥ 丹穴：采丹砂的井。

鲁君闻颜阖得道之人也①,使人以币先焉。颜阖守闾,鹿布之衣②,而自饭牛。鲁君之使者至,颜阖自对之。使者曰:“此颜阖之家邪?”颜阖对曰:“此阖之家也。”使者致币,颜阖对曰:“恐听缪而遗使者罪③,不若审之。”使者还反审之,复来求之,则不得已。故若颜阖者,非恶富贵也,由重生恶之也。世之人主多以贵富骄得道之人,其不相知,岂不悲哉?

故曰:道之真,以持身;其绪余④,以为国家;其土苴⑤,以治天下。由此观之,帝王之功,圣人之余事也,非所以完身养生之道也。今世俗之君子,危身弃生以徇物,彼且奚以此之也?彼且奚以此为也?

凡圣人之动作也,必察其所以之与其所以为。今有人于此,以随侯之珠弹千仞之雀⑥,世必笑之。是何也?所用重也,所要轻也。夫生,岂特随侯珠之重也哉!

---

① 颜阖(hé 合):战国时鲁国的隐士,与鲁哀公同时。② 鹿布:当作“麤(粗)布”,因形近致误(用陈昌齐和洪颐煊说)。③ 缪:同“谬”。遗(wèi 卫):加,给予。④ 绪余:绪乃丝的端末。绪余,指不必珍重的轻微之物,此处引申为剩余的精力,余技。⑤ 土苴(jū 居):土渣,指轻贱之物。苴,草。⑥ 随侯之珠:传说中的珠宝。“随”一作“隋”。《淮南子·览冥》注:“隋,汉东之国,姬姓诸侯也。隋侯见大蛇伤断,以药傅之,后蛇于江中衔大珠以报之,因曰隋侯之珠。”

子华子曰[①]："全生为上[②]，亏生次之[③]，死次之，迫生为下[④]。"故所谓尊生者，全生之谓；所谓全生者，六欲皆得其宜也。所谓亏生者，六欲分得其宜也。亏生则于其尊之者薄矣。其亏弥甚者也，其尊弥薄。所谓死者，无有所以知[⑤]，复其未生也[⑥]。所谓迫生者，六欲莫得其宜也，皆获其所甚恶者。服是也[⑦]，辱是也[⑧]。辱莫大于不义，故不义迫生也。而迫生非独不义也，故曰迫生不若死。奚以知其然也？耳闻所恶，不若无闻；目见所恶，不若无见。故雷则掩耳，电则掩目，此其比也。凡六欲者，皆知其所甚恶，而必不得免，不若无有所以知。无有所以知者，死之谓也，故迫生不若死。嗜肉者，非腐鼠之谓也；嗜酒者，非败酒之谓也；尊生者，非迫生之谓也。

【翻译】

圣人深思熟虑天下的事物，认为没有什么比生命更可贵。耳目鼻口是受生命役使的。耳朵虽然想听音乐，

① 子华子：魏人，道家。 ② 全生：保全生命的天性，使六欲皆得其宜。 ③ 亏生：六欲半得其宜，生命的天性受到一定程度的损伤。 ④ 迫生：在屈辱下苟且偷生。 ⑤ 所以知：指使认识外物的感知器官，人死之后，感知器官停止活动，故言"无有所以知"。 ⑥ 句谓恢复未出生时的状态。 ⑦ 服：屈服。 ⑧ 辱：受辱。

眼睛虽然想看色彩，鼻子虽然想嗅芳香，嘴里虽然想尝美味，有害于生命则停止感官的享受。即使是耳目鼻口不感兴趣，只要有利于生命就去做。由此看来，耳目鼻口不能随意行动，必须要受到一定的约束，这就像各级官吏一样，不能独断专行，必须要受到一定的约束。这是珍惜生命的方法。

尧想把天下让给子州支父，子州支父回答说："把天子让我做还是可以的，虽是这样说，我现在患有忧虑过深的毛病，正要治疗，没有时间顾得上天下的事。"享有天下，是多么大的富贵呀，子州支父不愿因得天下而害于生命，更何况其他的事物呢？只有不愿以享有天下而害其生命的人，才可以把天下托付与他。

越国人有三代君主被杀掉，王子搜对此很害怕，逃避到采丹砂的井中。越国没有君主，又找不到王子搜，追踪到他所躲避的采丹井，王子搜不肯出来，越国人就用燃着的艾草把他熏出来，让他乘坐国君的车子。王子搜拉着登车的引绳上车，仰望上天而呼喊道："先王啊！为什么单单不肯放过我呢！"王子搜不是厌恶当国君，而是厌恶当国君招致的祸患。像王子搜这样的人，可以称得上不愿当国君而伤害自己生命的了。这正是越人所以要求他做国君的原因。

鲁国国君听说颜阖是位有道之人，就派使者带着礼物先去拜访他。颜阖居住在闾里小巷中，穿着粗布衣服，正在喂牛。鲁君的使者到了，颜阖亲自接待他。使者问："这是颜阖的家吗？"颜阖回答说："这正是我的家。"使者献上礼物，颜阖说："怕您把名字听错了而给您造成过错，不如再去查问清楚。"使者回去查问清楚后，回来找颜阖，却找不到了。像颜阖这样的人，并不是厌恶富贵，而是因为珍惜生命才厌恶富贵的。世上的君主，大多以自己的富贵慢待有道之人，他们互不了解，这难道不太可悲了么？

所以有这种说法：道的本体是用来保全生命的，道的末技是用来治理国家的；道的轻贱杂质是用来治理天下的。由此可见，帝王的功业，不过是圣人的余事末技罢了，并不是把它当作全身养生的方法。现在世俗的君子们，不惜危害身体舍弃生命以追求外物，他们这样做将要达到什么目的呢？他们这样做究竟要干什么呢？

大凡圣人的一举一动，必须明确他要达到的目的和他用什么方法来达到这一目的。假如有这样一个人，用珍贵的随珠作弹丸来射高空之鸟，世人必定讥笑他。这是什么原因呢？因为他所用的东西太贵重，而所要得的东西太轻贱。生命的重要又岂止随珠所可比拟的呢？

子华子说："全生是最上等，亏生次一等，死又次一等，迫生是最下一等。"因此，所谓贵生，就是指全生而言，所谓全生，是指六欲的需要都能达到适度。所谓亏生，是指六欲的需要有一半达到适度。亏生对于贵生来说是一种损伤与削弱，生命亏损得愈严重，生命的尊贵受到的削弱就愈加严重。所谓死亡，是指没有知觉了，恢复到未出生时的状态。所谓迫生，是指六欲的需要没有一样达到适度，他所得到的都是他非常厌恶的东西，屈服是这种情况，耻辱是这种情况。最大的耻辱是不义，所以不义就是苟且偷生的活着。而且迫生还不单是不义一种，所以说苟且偷生还不如死掉为好。何以知道这一点呢？耳朵里听到所厌恶的声音，不如没听到好。眼睛看到所厌恶的东西，不如没看到好。所以雷鸣时就捂上耳朵，电闪时就闭上眼睛。这和苟活不如不活是同样的道理。从六欲的本能说，它们都知道自己最厌恶的东西是什么，如果这些东西一定避免不了，那就不如没有感知外物的知觉，没有感知外物的知觉，就是死亡，因此迫生不如死亡。嗜好吃肉，并不是说连腐臭的老鼠也爱吃；嗜好喝酒，并不是说连变质的酒也爱喝；珍惜生命，并不是说好死不如赖活着。

情　　欲

本篇选自《仲春纪第二》，文章认为人的欲望与感情天生就有，不分贵贱贤愚都是如此，所不同的是圣人从贵生的角度出发，使感情有个适度，能“得其情”；俗主则放纵自己的感情，无厌的追求声色滋味，以致病入膏肓，不可救药，这是“失其情”或“亏情”所致。故节欲养生之道不可不早知。文章以“天地不能两”为喻，说明功业与生命同样不能两全，并以孙叔敖劳累早逝为例来说明这个问题。此篇当即前篇《贵生》的余论，所宣扬的仍为道家子华子学派的主张。

天生人而使有贪有欲。欲有情，情有节。圣人修节以止欲①，故不过行其情也。故耳之欲五声，目之欲五色，口之欲五味，情也。此三者，贵贱、愚智、贤不肖欲之若一，虽神农、黄帝②，其与桀、纣同③。圣人之所以异者，得其情也。由贵生动则得其情矣；不由贵生动则失其情矣。此二者，死生存亡之本也。

俗主亏情，故每动为亡败。耳不可赡，目不可厌，口不可满；身尽府种④，筋骨沈滞，血脉壅塞，九窍寥寥⑤，曲失其宜⑥，虽有彭祖⑦，犹不能为也。其于物也，不可得之为欲，不可足之为求，大失生本；民人怨谤，又树大雠；意气易动，蹻然不固⑧；矜势好智，胸中欺诈；德义之缓，邪利之急。身以困穷，虽后悔之，尚将奚及？巧佞之近，端直之远，国家大危，悔前之过，犹不可反。闻言而惊，不得所由。百病怒起，乱难时至。以此君人，为身大

---

① 修节：修明适宜之情。止欲："止"当作"制"，因音近致误，制欲即控制情欲。 ② 神农：即炎帝烈山氏，传说中的三皇之一。黄帝：号轩辕氏、有熊氏。古人把他们尊为圣王。 ③ 桀：名履癸，夏朝末代君主。纣：名受，殷朝末代君主。桀、纣是暴君的典型。 ④ 府种：腐烂肿胀。"府"是"腐"之省文，"种"与"肿"通。 ⑤ 九窍：即人体的九孔，指五官的眼耳口鼻（七窍）加外肛门、生殖器（二阴窍），合称九窍。 ⑥ 曲：尽，全。 ⑦ 彭祖：传说中的高寿之人，姓篯（jiān 笺）名铿，颛顼帝之后，因封于彭城（今江苏徐州市），故称彭祖。据说他活了八百岁。 ⑧ 蹻（jué 决）然：不坚固的样子。

忧。耳不乐声，目不乐色，口不甘味，与死无择[①]。

古人得道者，生以寿长，声色滋味能久乐之，奚故？论早定也[②]。论早定则知早啬[③]，知早啬则精不竭。秋早寒则冬必暖矣，春多雨则夏必旱矣。天地不能两，而况于人类乎？人与天地也同。万物之形虽异，其情一体也。故古之治身与天下者，必法天地也[④]。

尊[⑤]，酌者众则速尽。万物之酌大贵之生者众矣，故大贵之生常速尽。非徒万物酌之也，又损其生以资天下之人，而终不自知。功虽成乎外，而生亏乎内。耳不可以听，目不可以视，口不可以食，胸中大扰，妄言想见[⑥]，临死之上，颠倒惊惧[⑦]，不知所为。用心如此，岂不悲哉？

世人之事君者，皆以孙叔敖之遇荆庄王为幸[⑧]。自有道者论之则不然，此荆国之幸。荆庄王好周游田猎，驰骋弋射，欢乐无遗，尽傅其境内之劳与诸侯之忧于孙

---

① 择：区别。 ② 论：此指尊生的理论、信念。 ③ 啬（sè色）：爱惜，吝惜。 ④ 法：象。 ⑤ 尊：同“樽”，酒杯，此处指酒。 ⑥ 妄言：指病重时的神昏呓语。想见：指因病而产生的幻觉。 ⑦ 颠倒惊惧：指神经错乱和惊恐之状。 ⑧ 孙叔敖：曾三次为楚国的令尹（宰相），他出身贫贱。荆庄王：即楚庄王，春秋楚国国君，姓芈（mǐ米），名旅，公元前613—前591年在位，为春秋五霸之一。

叔敖。孙叔敖日夜不息,不得以便生为故①,故使庄王功迹著乎竹帛,传乎后世。

【翻译】

上天生育人民并使人有贪心有欲望,欲望产生感情,感情要有节制。圣人养成适宜之情以控制欲望,所以不滥用他的感情。耳朵想听音乐,眼睛想看五色,嘴里想吃美味,这些都是情欲。在这三个方面,不论是高贵的还是低贱的,愚笨的还是聪明的,贤明的还是不肖的,人们的欲望差不多是一样的。即使像神农、黄帝那样的圣王,他们的欲望与夏桀、殷纣这样的暴君也是一样的。圣人所以不同于一般的人,是他们能把握住适度的感情。从珍惜生命的角度来决定自己的行动,就能把握住适度的感情;不从珍惜生命的角度来决定自己的行动,就会把握不住适度的感情。这两种情况,是决定生死存亡的根本。

世俗的君主把握不了适度的感情,所以往往一动便灭亡。他们耳朵、眼睛和口腹的欲望似乎永远没法满足,以致全身都腐烂肿胀了,筋骨板滞不和,血脉阻塞不通,九窍空虚,全都不正常,即使有老寿星彭祖在,也是

① 便生:有利于生性,犹今言有利于身心健康。故:事。

无能为力的。俗主对于外物，不能得到的总想得到，不能满足的总想求得满足，这样就大大丧失了生命的根本，以致老百姓怨恨、指责他，这样又树立了大敌。他们的意志容易动摇，很不坚定。他们夸耀权势、卖弄聪明，心怀欺诈。正经事他一拖再拖，邪门歪道的事办得非常之快，最后使自身陷于困境，虽然感到后悔，又如何来得及呢？乖巧奸诈的人他亲近，端方正直的人他疏远，致使国家面临巨大的危难，这时虽然后悔从前的过失，也不可挽回了。听到直言感到惊恐，但不知其所以然，以致百病一起爆发，内乱灾难时有发生，以此来统治百姓，必为自身带来巨大的忧患，以致耳朵没兴趣听音乐，眼睛不乐于看色彩，嘴里吃美味也不感到可口，这样与死亡还有什么区别！

古代的有道之人，生命能得到长寿，音乐、色彩、美味能够长久享受，这是什么缘故呢？是由于尊生的信念早就确定的缘故。尊生之论早就知道早点爱惜生命，早知爱惜生命精神就不会用尽，秋天冷得早冬天必然暖和，春天雨下得多夏天必然干旱。天和地尚且不能两全双美，更何况人类呢？人也与天地的不能两全一样，万物的形状虽然各有差别，万物之情是一样的。所以古代修身养性与治理天下的人，必然要效法天地自然。

酒樽中的酒，舀取的人多就完得快，万物耗费最尊贵的生命的东西过多,所以最尊贵的生命往往很快就耗尽。不仅万物都来耗费生命,又加上自损其生命以为天下人操持,而始终不自觉,在社会上虽然建功立业,但自身生命的损耗就太大了。以致耳朵不能听东西,眼睛不能看东西,口中不能吃东西,心中大乱,口说胡话,幻觉产生,临死之前,精神错乱,惊恐万状,连自己干了什么也不知道,耗费心力到了这样的程度,难道不可悲吗?

世上侍奉君主的人,都认为孙叔敖受到楚庄王的知遇是幸运的,从有道之人的观点看来就不能同意这种看法了,这只能说是楚国的幸运。楚庄王爱好四处游玩打猎,骑马射箭,不遗余力地寻欢作乐,完全把治国的劳苦和做诸侯的忧劳都推给了孙叔敖。孙叔敖日夜操劳,无法做有利于养生的事体。如此才使楚庄王的功绩载于史册,流传到后代。

当　染

本篇选自《仲春纪第二》，论述人的习染、熏陶适当与否的问题，部分内容与《墨子·所染》基本相同，文章列举了大量事实，说明所染的当与不当，将决定人的生死存亡、成败荣辱，以染丝为喻强调了习染对人的决定性影响。篇末提到孔子学于老聃，又将孔墨并称并给予尊显的地位，可以看出此书虽出自墨家后学，然已杂有儒道等各家学说的特点。

墨子见染素丝者而叹曰①："染于苍则苍，染于黄则黄，所以入者变，其色亦变，五入而以为五色矣。"故染不可不慎也。

---

① 墨子：名翟（dí 敌），战国初鲁国人，墨家学派创始人。

非独染丝然也，国亦有染。舜染于许由、伯阳①，禹染于皋陶、伯益②，汤染于伊尹、仲虺③，武王染于太公望、周公旦④。此四王者，所染当，故王天下，立为天子，功名蔽天地。举天下之仁义显人，必称此四王者。夏桀染于干辛、歧踵戎⑤，殷纣染于崇侯、恶来⑥，周厉王染于虢公长父、荣夷终⑦，幽王染于虢公鼓、祭公敦⑧。此四王者，所染不当，故国残身亡，为天下僇。举天下之不义辱人，必称此四王者。齐桓公染于管仲、鲍叔，晋文公染

① 许由：上古传说中的高士，字仲武，颍川人，舜欲让天下给他，他洗耳不愿听，后逃避于箕山。伯阳：传说为舜的七友之一，贤人。 ② 皋陶（yáo 姚）：舜的法官。伯益：又作“伯翳”，舜臣，佐禹治水有功，禹死，让天下于伯益，不受而逃。 ③ 伊尹：商汤的大臣，名挚，原为奴隶出身，为有莘氏女的陪嫁之臣，后曾佐汤王灭夏桀，位至阿衡（宰相）。仲虺（huī 灰）：汤的左相。 ④ 太公望：姜姓，吕氏，名尚，号太公望，曾钓于渭水之滨，周文王立他为师，尊为尚父，辅助武王灭殷，后封于齐。 ⑤ 干辛、歧踵戎：夏桀的两个邪臣。 ⑥ 崇侯：名虎，纣的亡国之臣。恶来：嬴姓，飞廉之子，纣的谀臣。 ⑦ 周厉王：名胡，因荒淫暴虐被国人放逐。虢（guó 国）公长父：虢，国名，名长父，周厉王的卿士。荣夷终：荣，国名，名终，“夷”为谥号，周厉王的卿士。 ⑧ 幽王：指周幽王，西周最后一个君主，公元前 771 年被犬戎杀于骊山下。虢公鼓：周幽王的卿士。虢，国名，名鼓。祭（zhài 债）公敦：周幽王的卿士。祭，国名，敦是名。

于咎犯、郄偃①，荆庄王染于孙叔敖、沈尹蒸②，吴王阖庐染于伍员、文之仪③，越王句践染于范蠡、大夫种④。此五君者，所染当，故霸诸侯，功名传于后世。范吉射染于张柳朔、王生⑤，中行寅染于黄藉秦、高强⑥，吴王夫差染

① 晋文公：名重耳，献公之子，公元前636—前628年为春秋晋国国君，五霸之一。咎犯：即狐偃，字子犯，为晋文公之舅，故又称舅犯。晋文公为公子时，出亡在外，狐偃跟随文公十九年，文公即位后，偃为文公出谋划策最多。郄（xì细）偃：实为郭偃，因为掌卜（管占卜）的大夫，又称卜偃，曾参与晋国的变法。 ② 沈尹蒸：人名，他曾将孙叔敖推荐给楚庄王。沈，地名；尹，官名；蒸，当作"筮"。（用许维遹说） ③ 阖（hé合）庐：或作"阖闾"，名光，春秋末吴国国君。伍员：字子胥。曾辅佐阖庐击败强楚。文之仪：吴大夫。"之仪"是名。 ④ 句（gōu勾）践：春秋末越国国君。句，又写作"勾"。范蠡（lǐ里）：越大夫，字少伯，楚人，功成后经商致富，号陶朱公。大夫种：即文种，字少禽，楚人。范蠡、文种曾辅佐越王勾践发奋图强，终于灭吴。 ⑤ 范吉射：春秋时晋卿，名吉射，谥昭子。公元前497年，范氏、中行氏联合发难，攻打赵氏，结果被知氏、赵氏、韩氏、魏氏四家击败，范吉射被迫逃出晋国。张柳朔、王生：范氏的家臣，死于范氏之难中。朔、生二人与主人亲近，平日不能正范氏之过，致使范氏残亡，故此处认为他们给予主人以不良影响。 ⑥ 中行（háng杭）寅：晋卿荀寅，谥文子，又称中行文子，他与范吉射是亲家，曾联合攻赵氏。黄藉秦、高强：荀寅的两个家臣。黄藉秦，《左传》作"籍秦"。据《左传》载：鲁定公"十四年冬十二月，晋人败范中行氏之师，获籍秦、高强"。

于王孙雄、太宰嚭①，智伯瑶染于智国、张武②，中山尚染于魏义、椻长③，宋康王染于唐鞅、田不禋④。此六君者，所染不当，故国皆残亡，身或死辱，宗庙不血食，绝其后类，君臣离散，民人流亡。举天下之贪暴可羞人，必称此六君者。

凡为君，非为君而因荣也，非为君而因安也，以为行理也⑤。行理生于当染。故古之善为君者，劳于论人，而佚于官事，得其经也。不能为君者，伤形费神，愁心劳耳目，国愈危，身愈辱，不知要故也。不知要故，则所染不当；所染不当，理奚由至？六君者是已。六君者，非不重其国，爱其身也，所染不当也。存亡故不独是也，帝王

---

① 夫差：吴王阖庐之子，吴国国君。曾大败越王勾践，后为勾践所灭。王孙雄：吴大夫。“雄”当作“雒”。太宰嚭（pǐ匹）：吴太宰伯嚭。 ② 智伯瑶：又称荀瑶，晋哀公时为执政大臣，谥襄子。智国、张武：智氏的两个家臣。他们劝说智伯联合韩、魏以攻赵襄子，结果韩、赵、魏三家暗中联合起来，后灭掉智氏。 ③ 中山尚：中山，春秋国名，其地在今河北省内，为魏所灭。尚，人名，疑为中山最后一个国君中山桓公（用孙诒让说）。魏义、椻长：中山尚的两个大夫。椻长，一作“偃长”。 ④ 宋康王：宋文公九世孙，名偃，攻其兄剔成，自立为王，荒淫无道，诸侯称为“桀宋”，齐、魏、楚伐宋，宋康王被杀，遂灭宋而三分其地。唐鞅、田不禋（yīn 因）：宋大夫。 ⑤ 行理：施行大道。

亦然。

非独国有染也。孔子学于老聃、孟苏夔、靖叔①。鲁惠公使宰让请郊庙之礼于天子②，桓王使史角往③，惠公止之。其后在于鲁，墨子学焉。此二士者，无爵位以显人，无赏禄以利人。举天下之显荣者，必称此二士也。皆死久矣，从属弥众，弟子弥丰，充满天下。王公大人从而显之；有爱子弟者，随而学焉，无时乏绝。子贡、子夏、曾子学于孔子④，田子方学于子贡⑤，段干木学于子夏⑥，吴起学于曾子⑦；禽滑釐学于墨子⑧，许犯学于禽滑釐⑨，田系学于许犯⑩。孔墨之后学显荣于天下者众矣，不可胜数，皆所染者得当也。

---

① 孟苏夔、靖叔：他书未见，不详。 ② 鲁惠公：春秋鲁国国君，名弗皇，公元前768—前723年在位。宰让：鲁大夫。 ③ 桓王：当作“平王”，惠公卒于周平王四十八年与桓王不相接。《竹书纪年》记请礼事在平王四十二年(依梁玉绳说)。史角：史官，名角。 ④ 子贡、子夏、曾子：都是孔子的弟子。 ⑤ 田子方：战国时魏国的贤士，魏文侯曾拜他为师。 ⑥ 段干木：战国时魏人，隐居穷巷，不肯仕进，魏文侯很尊重他。 ⑦ 吴起：战国时魏人，军事家。《史记·吴起传》：“吴起事曾子，居顷之，其母死，起不归，曾子薄之，而与起绝。” ⑧ 禽滑釐：墨子的后学。一作禽滑厘或禽滑黎。“釐”字不见字书，有人认为“釐”为“釐”之误(孙诒让说)。 ⑨ 许犯：墨家后学弟子。 ⑩ 田系：墨家后学弟子。

【翻译】

墨子看到染素丝的人而叹息说:“素丝染上黑色的染料就变黑,染上黄色的染料就变黄,染缸内投入的颜料变了,素丝的颜色也随着变化,染五次就会变成五种颜色。”所以说染色不可不慎重啊。

不但染丝是这样,国家也有类似染色的情况。大舜受到许由、伯阳的熏染,禹王受到皋陶、伯益的熏染,汤王受到伊尹、仲虺的熏染,周武王受到姜太公、周公旦的熏染,这四位帝王,因其所受的熏染得当,所以能够君临天下,成为天子,功名盖天地。要举出普天之下的仁义显达之人,必然都称赞这四位君王。暴君夏桀受到干辛、歧踵戎的熏染,殷纣王受到崇侯虎、恶来的熏染,周厉王受到虢公长父、荣夷终的熏染,周幽王受到虢公鼓、祭公敦的熏染。这四个国王,因其所受的熏染不得当,所以国破身亡,为天下人所耻笑。要举出天下的不义之人、蒙受耻辱之人,一定要数到这四个国王。齐桓公受到管仲、鲍叔牙的熏染,晋文公受到狐偃、郭偃的熏染,楚庄王受到孙叔敖、沈尹筮的熏染,吴王阖庐受到伍子胥、文之仪的熏染,越王勾践受到范蠡、文种的熏染。这五个国君所受的熏染得当,故能称霸于诸侯之间,功名传于后代。范吉射受到家臣张柳朔、王生的熏染,中行文子受到家臣籍秦、高强的熏染,吴王夫差受到王孙雒、伯嚭的熏染，智伯瑶受到智国、张武的熏染，中山王尚受到魏义、偃长的熏染，宋康王受到唐鞅、田不禋的熏染。这六个国君，因其所受熏染不得当，所以国家都残破灭亡了，自身有的丧亡有的受到侮辱，他们的宗庙不能享用牺牲祭祀，后继无人，君臣离散，人民流离失所。要列举天下贪婪残暴的可耻之人，必然要数到这六个国君。

大凡做一个国君，不是为了当国君就荣耀，也不是当了国君就享受安乐。当国君是为了施行大道的。施行大道来源于得当合宜的熏染。所以古代善于做君主的人，把精力用在知人善任上，对行政事务则不去多管它，这是得其要领的。不善于当君主的人，伤身费神，心中愁苦，耳目劳累，国家愈来愈危险，自身受到的屈辱就愈来愈多，这是不知要领的缘故。不知要领，就因为所受的熏染不适当；所受的熏染不适当，大道从何而来？以上六个君主就是如此。这六个人，不是不重视自己的国家，也不是不爱惜自己的身体，而是所受的熏染不适当。存亡之事本来不单单这六个人是如此，对于帝王也同样是如此。

不仅国家有受熏染的现象。孔子向老聃、孟苏夔、靖叔学习，鲁惠公派遣宰让向周天子请教郊庙的祭祀制度，周平王派史角去鲁国传礼，鲁惠公把史角留在鲁国，史角的后代居住在鲁国，墨翟向他们学习。孔子和墨子这两个人，不能封人爵位令人显贵，也没有俸禄给别人使人获利，如果列举天下的显赫荣耀的名人，必然要数到这两个人。他们都死去很久了，追随他们的人特别多，学生也特别多，以致门徒遍天下。有的王公大人因效法孔墨而得以扬名于世。有的人为了培养子弟，让他们跟随孔墨的门徒学习，没有一时中断过。子贡、子夏、曾参向孔子学习，田子方向子贡学习，段干木向子夏学习，吴起向曾参学习，禽滑黎向墨子学习，许犯向禽滑黎学习，田系向许犯学习。孔子与墨子的后学弟子显贵尊荣于天下的人太多了，数也数不尽，这都是由于他们所受的熏染合适得当啊。

劝学（一作观师）

本篇选自《孟夏纪第四》，“劝学”是劝人努力学习的。文章指出一个人要想做忠臣、孝子，取得显荣尊贵的地位，必须努力学习。“圣人生于疾学”、“疾学在于尊师”，而做老师的当务之急在于“胜理”、“行义”。结尾提出“事师”如“事父”，老师只有受到极大的尊重，才能尽智竭道以教学生，反映出儒家尊师重道的思想。

先王之教，莫荣于孝，莫显于忠。忠孝，人君人亲之所甚欲也①；显荣，人子人臣之所甚愿也。然而人君人亲

① 人亲：指父母。

不得其所欲，人子人臣不得其所愿。此生于不知理义。不知理义，生于不学。

学者师达而有材[①]，吾未知其不为圣人。圣人之所在，则天下理焉[②]。在右则右重；在左则左重，是故古之圣王未有不尊师者也。尊师则不论其贵贱贫富矣。若此则名号显矣。德行彰矣。

故师之教也，不争轻重尊卑贫富，而争于道[③]。其人苟可，其事无不可。所求尽得，所欲尽成，此生于得圣人。圣人生于疾学[④]。不疾学而能为魁士名人者，未之尝有也。

疾学在于尊师。师尊则言信矣，道论矣。故往教者不化[⑤]，召师者不化[⑥]，自卑者不听，卑师者不听。师操不化不听之术，而以强教之，欲道之行、身之尊也，不亦远乎？学者处不化不听之势，而以自行，欲名之显、身之安也，是怀腐而欲香也，是入水而恶濡也。

凡说者，兑之也[⑦]，非说之也。今世之说者，多弗能

---

① 师：指老师。达：通达，博学。 ② 理：治，指天下治理好了。 ③ 道：此指对道义和师道的尊重。 ④ 疾学：努力学习。 ⑤ 往教：指老师去找学生，这是有失师道之尊的。 ⑥ 召师：指把老师叫来。《韩诗外传》三：孟尝君请学于闵子，使车往迎闵子。闵子曰："礼有来学，无往教。"与此同。 ⑦ 兑：通"悦"，喜悦，使动用法，使人欢喜。

兑，而反说之。夫弗能兑而反说，是拯溺而硾之以石也①，是救病而饮之以堇也②。使世益乱、不肖主重惑者，从此生也。

故为师之务，在于胜理③，在于行义。理胜义立则位尊矣，王公大人弗敢骄也，上至于天子，朝之而不惭。凡遇合也，合不可必，遗理释义以要不可必，而欲人之尊之也，不亦难乎？故师必胜理行义然后尊。

曾子曰："君子行于道路，其有父者可知也，其有师者可知也。夫无父而无师者，馀若夫何哉！"此言事师之犹事父也。曾点使曾参④，过期而不至，人皆见曾点曰："无乃畏邪⑤？"曾点曰："彼虽畏，我存，夫安敢畏？"孔子畏于匡⑥，颜渊后，孔子曰："吾以汝为死矣？"颜渊曰："子在，回何敢死？"颜回之于孔子也，犹曾参之事父也。古之贤者与⑦，其尊师若此，故师尽智竭道以教。

---

① 硾（zhuì 坠）：使物下沉。② 堇（jǐn 紧）：药草名，有毒，能毒死人。③ 胜：等于说有说服力。④ 曾点：字皙（xī 西），曾参之父，孔子的弟子。使：派遣。⑤ 畏：通"围"。下文的"孔子畏于匡"，即"孔子围于匡"。⑥ 孔子畏于匡：公元前 497 年（孔子 55 岁）10 月，孔子去卫适陈，在经过匡地（今河南省长垣县境）时，匡人误认孔子为阳虎，围困了孔子。⑦ 与：语气词。

【翻译】

在先王的教化中，没有什么比孝更荣耀，没有什么比忠更显达。忠和孝，是做君王和做父母最想得到的；荣耀与显达，是做儿子和臣下最愿意得到的。然而做君主与做父母的，往往不能实现他们的愿望，做儿子和臣下的也往往不能够得到显荣，这是因为不懂理义的缘故。不懂得理义，是因为不学习的缘故。

一个学生，如果他的老师通达、博学而自己又有才能，我没有听说过这样的学生不能成为圣人的。只要有圣人在，那么天下就治理得好。圣人在这个地方，这个地方就受到尊重；圣人在那个地方，那个地方就显得尊贵；因此古代的圣王没有不尊重老师的。尊重老师就不会议论他们的贵贱、贫富了。若能这样名号就显达了，德行就昭著了。

所以，老师施教于学生，也不计较学生的地位高低、财产多少，而只重视学生对道义的态度。一个人只要他的人品好，则所办之事没有不成功的。所追求的东西都能得到，所希望实现的都能如愿以偿，这种情况的产生是因为有了圣人。圣人是从努力学习中来，不努力学习而成为伟大名士的，还不曾有过。

努力学习关键在于尊师，老师受尊重，他的话就有人信服了，他的义理就会被人称述了。所以自行前往教人的老师不能教化学生，呼唤老师来教的学生不可能受到教化；自卑的老师学生不听他的教诲，看不起老师的学生不会听从教诲。老师运用不能使人接受和听从的方法，而去勉强教化学生，想让道义行之于世，想让自身受到尊显，岂不距离太远了吗？学者处在不能接受和听从教化的情势下，自行其是，要想使自己声名显达、身体安乐，这就如同怀揣腐臭的东西却希望芳香满身，又如同跳进水里又怕水沾在身上一样。

大凡说教的人，总要使人感兴趣，而不是喋喋不休只顾说。如今世上的说教者，大多不能使人感兴趣，却反喋喋不休说个没完。不能使人感兴趣却去硬性说教，如同救一个落水的人却反而在他身上坠上一块石头，又如同给人治病却让人喝毒药一样。社会所以越来越混乱，昏庸的君主所以越来越迷乱，就是由此而产生的。所以做老师的任务，就是要遵循事理坚持道义。只有遵循事理，坚持道义，老师的地位才会受到尊重。王公大人不敢轻视他们，直到至高无上的天子，对这样的老师进行朝拜也不会感到羞惭。大凡君主和老师彼此会合而又和洽的事，不一定就能实现。但如果丢弃义理，去追求不一定能实现的遇合，而又想得到尊重，不也是很困难的吗？所以，老师必须遵循事理，坚持道义，然后才能受到尊崇。

曾子说："君子走在大路上，可以看得出谁有父亲，谁有老师，对那些不孝敬父亲不尊重老师的人，其他的人又有什么办法呢！"这说的是对待老师如同对待父亲一样。曾参的父亲曾点派遣曾参外出，过了归期还不见回来，人们见了曾点都说："大概是遭到了困厄了吧？"曾点说："他即使遭到困厄，我还健在，他怎敢因困厄而不回来！"孔子被围困在匡地时，颜渊落在后面，孔子说："我以为你被害了。"颜渊说："夫子在，我怎敢死呢！"颜渊对于孔子，就像曾参对待父亲一样。古代的贤人，他们如此尊重老师，所以老师用尽全部心力来教导他们。

尊　　师

本篇选自《孟夏纪第四》。文章指出“十圣”、“六贤”之所以能成为圣贤在于能尊师，并指出了“善学”才能保全人的天性。学习不分贵贱，即使是“大盗”、“巨狡”，只要尊重老师，努力地学习，也可成为“天下名人显士”。文中详细列举了尊师的具体做法，反映了儒家学派对教师崇高地位的认识和对教学的高度重视。这一点在今天仍有现实意义。

神农师悉诸①，黄帝师大挠②，帝颛顼师伯夷父③，帝喾师伯招④，帝尧师子州支父，帝舜师许由，禹师大成贽⑤，汤师小臣⑥，文王、武王师吕望、周公旦，齐桓公师管夷吾，晋文公师咎犯、随会⑦，秦穆公师百里奚、公孙枝⑧，楚庄王师孙叔敖、沈尹巫，吴王阖闾师伍子胥、文之仪，越王句践师范蠡、大夫种。此十圣人、六贤者未有不尊师者也。今尊不至于帝，智不至于圣，而欲无尊师，奚由至哉？此五帝之所以绝，三代之所以灭。

且天生人也，而使其耳可以闻，不学，其闻不若聋；使其目可以见，不学，其见不若盲；使其口可以言，不学，其言不若爽⑨；使其心可以知，不学，其知不若狂。故凡

① 悉诸：传说为神农的老师。 ② 大挠：相传为黄帝史官，据说他是以天干地支相配纪日的创始人。 ③ 伯夷父（fǔ斧）：传说为颛顼之师。 ④ 喾（kù酷）：传说中的五帝之一，号高辛氏。伯招：也作“柏招”，传说为帝喾之师。 ⑤ 大成贽（zhì至）：传说为禹的老师。 ⑥ 小臣：指伊尹，曾辅佐汤灭夏。 ⑦ 随会：即士会，字季，晋大夫，因食采邑于随和范地，故称随会、随季和范季，死后称随武子或范武子。 ⑧ 秦穆公：名任好，公元前659—前621年在位，为春秋五霸之一。百里奚：姓百里，名奚。出身贫贱，是秦穆公用五张羊皮把他从楚国赎回的，故称五羖大夫，为秦相七年，使秦穆公成为五霸之一。公孙枝：姓公孙，名枝，字子桑，秦大夫。 ⑨ 爽：与喑同义，不能说话的意思。

学，非能益也，达天性也。能全天之所生而勿败之，是谓善学。

子张①，鲁之鄙家也；颜涿聚②，梁父之大盗也、学于孔子。段干木，晋国之大驵也③，学于子夏。高何、县子石④，齐国之暴者也，指于乡曲，学于子墨子。索卢参⑤，东方之巨狡也，学于禽滑黎。此六人者，刑戮死辱之人也。今非徒免于刑戮死辱也，由此为天下名士显人，以终其寿，王公大人从而礼之，此得之于学也。

凡学，必务进业，心则无营⑥。疾讽诵，谨司闻⑦，观驩愉⑧，问书意，顺耳目，不逆志，退思虑，求所谓，时辨说，以论道，不苟辨，必中法，得之无矜，失之无惭，必反其本。

生则谨养，谨养之道，养心为贵；死则敬祭，敬祭之

---

① 子张：姓颛孙，名师，字子张，孔子的弟子。 ② 颜涿聚：名庚，他书作“颜烛邹”、“颜斫聚”、“颜啄聚”，齐大夫，孔子弟子，死于哀公二十三年（前 472）犁丘之役，故《淮南子》称他“为齐忠臣”，此篇言“以终其寿”，盖为误记。 ③ 驵（zǎng 髒）：市侩，古代集市贸易的经纪人。 ④ 高何：姓高，名何，字石子，墨子弟子。县子石：即县子硕，见《墨子・耕柱篇》，墨子弟子。 ⑤ 索卢参：姓索卢，名参，是墨家学派禽滑黎的弟子。 ⑥ 营：通“荧”，惑乱。 ⑦ 司闻：指主闻见的耳朵。 ⑧ 驩（huān 欢）：同“欢”。

术，时节为务。此所以尊师也。治唐圃①，疾灌寖②，务种树；织葩屦③，结罝网，捆蒲苇；之田野，力耕耘，事五谷；如山林，入川泽，取鱼鳖，求鸟兽。此所以尊师也。视舆马，慎驾御；适衣服，务轻暖；临饮食④，必蠲絜⑤；善调和，务甘肥；必恭敬，和颜色，审辞令；疾趋翔⑥，必严肃。此所以尊师也。

君子之学也，说义必称师以论道，听从必尽力以光明。听从不尽力，命之曰背；说义不称师⑦，命之曰叛。背叛之人，贤主弗内之于朝⑧，君子不与交友。

故教也者，义之大者也；学也者，知之盛者也。义之大者，莫大于利人，利人莫大于教；知之盛者，莫大于成身⑨，成身莫大于学。身成则为人子弗使而孝矣，为人臣弗令而忠矣，为人君弗强而平矣，有大势可以为天下正矣。故子贡问孔子曰："后世将何以称夫子？"孔子曰："吾何足以称哉？勿已者，则好学而不厌，好教而不倦，

---

① 唐圃：场圃，是种植瓜果蔬菜的园地。唐，通"场"。 ② 寖：同"浸"，灌溉。 ③ 葩屦：麻鞋。葩，疑为"萉"（fēi 非）字之误。（依毕沅说） ④ 临：面对，这里指治办。 ⑤ 蠲（juān 捐）：清洁。絜：通"洁"。 ⑥ 趋翔：行步有节奏。翔，通"跄"（qiàng 枪）。 ⑦ 义：通"议"。（依高亨说） ⑧ 内（nà 纳）：同"纳"，接纳。 ⑨ 成身：指自我道德修养的完善，成为君子。

其惟此邪!”天子入太学祭先圣①,则齿尝为师者弗臣②,所以见敬学与尊师也。

【翻译】

神农氏以悉诸作为他的老师,黄帝以大挠作为他的老师,颛顼帝以伯夷父作为他的老师,帝喾以伯招作为他的老师,帝尧以子州支父作为他的老师,帝舜以许由作为他的老师,大禹以大成贽作为他的老师,汤王以伊尹作为他的老师,周文王、周武王以姜太公和周公旦作为他们的老师,齐桓公以管仲作为他的老师,晋文公以咎犯、随会作为他的老师,秦穆公以百里奚、公孙枝作为他的老师,楚庄王以孙叔敖、沈尹筮作为他的老师,吴王阖闾以伍子胥、文之仪作为他的老师,越王勾践以范蠡、大夫文种作为他的老师。这十位圣人和六个贤者没有不尊敬老师的。如今的人们,地位没有达到帝王那样尊贵,才智也达不到圣人的水平,而想不尊师教,怎能达到帝王圣贤的水平呢?这正是五帝之所以后继无人、三代之所以消失的原因啊。

---

① 太学:这里指明堂。明堂是古代帝王宣明政教的地方,凡朝会、祭祀、庆赏、选士、养老、教学等大典,均在此举行。高诱、蔡邕等人以明堂、清庙、太庙、太室、太学、辟雍为一事,似可信。 ② 齿:列。弗臣:不把他们作臣下看待。

上天生育人民，使他耳朵可以听到东西，如不学习，他的听力就还不如聋子；使人的眼睛可以看见东西，如不学习，他的视力就还不如瞎子；使人的嘴可以说话，如果不学习，他所说的话还不如嗓子哑了而说不出话来；使人的心可以认识事物，如不学习，他的智力就还不如狂乱无知的人。因此，学习这件事，并不是能给人增加什么，而是使人通达天性。能够保全上天所赋予人的本性而不败坏它，这就叫善于学习。

子张本是鲁国的粗鄙小人，颜涿聚本是梁父山的大强盗，他们却能向孔子学习。段干木本来是晋国市场上的经纪人，却能向子夏学习。高何、县子石本来是齐国的残暴之人，被乡里所指斥，却能向墨子学习。索卢参本来是东方的大骗子，却能向禽滑黎学习。这六个人，本来是应该受到刑罚、处死、蒙受耻辱的人，现在不但免除了被杀、被罚和受辱的下场，而且因此成为天下的名人和显达之人，得以终其天年，王公大人因此对他们以礼相待，这都是得力于学习的结果。

大凡学习这件事，一定要务求增进学业，这样心中就没有惑乱了。努力背诵诗书，谨慎地对待听到的事情，看到老师高兴，就去请教书中的意旨，遂顺着老师的耳目，不违背老师的心意，回来认真思考，探求老师所说的旨意，时时加以分辨讨论，以便阐述义理，不随便辨说，一定要合乎法度。有所得不要骄矜于色，有所失不要惭愧满面，一定要通过学习恢复耳闻、目见、口言、心知的天性。

在老师活着时要小心地奉养，小心奉养的方法，最重要的是顺从老师的心意。老师死了就要恭敬地祭祀，恭敬祭祀的方法，以合乎四时的节令为要务。这是尊重老师的做法。为老师修整园地，努力灌溉，操办种树，编织麻鞋，结兽网，捆蒲草芦苇，走到田野中，努力耕耘，种植五谷，走进山林之中，进入川泽之内，捕捉鱼鳖，猎取鸟兽，这是用以尊师的办法。为老师察看车马，小心为老师驾车；使老师的衣服穿得合适，务必既轻便又暖和；治办饭食的时候，一定要清洁；要善于调和五味，务求甘甜肥美；对老师一定要恭恭敬敬，和颜悦色，说话要审慎小心；在老师面前走路要快慢有节，一定要严肃庄重，这也是用以尊重老师的做法。

君子学习时，谈论道理一定要称引老师的观点，听从老师的教诲一定要尽心竭力并加以发扬光大。听从教诲不尽心竭力，这叫做“背”；议论道理不称引老师的观点，这叫做“叛”。对于背叛老师的人，贤明的君主在朝廷内不会接纳他，君子不与他交朋友。

所以说教育是一种最大的仁义之事，学习是求取知识的重大事情。最大的仁义之事，莫过于对人有利，对人有利的事莫过于教育人。知识中最重大的，莫过于道德修养的完善，而要使道德修养完善，最重要的莫过于学习。道德修养完善，做子女的不用指使便对父母自然孝敬了，做臣下的不用命令便自然对君王忠实了，做君主的不用勉强便自然公正了。这样一来，有大位的人便可以做天下的君主了。所以子贡问孔子说："后代人将如何称颂老师您呢？"孔子回答说："我有什么值得称颂呢！如果一定要说的话，我可以说是好学习而不厌倦，好教人而不感到疲倦，只此而已！"天子入明堂祭祀先代的圣人，让曾经作过他老师的人跟他并列站立，不把他们当臣下看待，这是用来表示敬重学习和尊重老师啊！

大　乐

本篇选自《仲夏纪第五》，“大乐”是合乎道的音乐，故篇中说：“大乐，君臣父子长少之所欢欣而说也，欢欣生于平，平生于道。”从音乐的产生看，文章指出音乐“本于太一”，“太一”即“道”，万物皆由“道”生。从总体上看，本篇的音乐观与儒家近似。其中亦杂有阴阳家之说，文中把音乐与政教紧密结合，与儒家乐论的“声音之道与政通矣”相类。篇中所指责的“非乐”观点，则是针对墨家而发。

音乐之所由来者远矣。生于度量①，本于太一②。太一出两仪③，两仪出阴阳。阴阳变化，一上一下，合而成章。浑浑沌沌，离则复合，合则复离，是谓天常④。天地车轮，终则复始，极则复反，莫不咸当。日月星辰，或疾或徐，日月不同，以尽其行。四时代兴，或暑或寒，或短或长，或柔或刚。万物所出，造于太一，化于阴阳。萌芽始震，凝凓以形⑤。形体有处，莫不有声。声出于和，和出于适。和适先王定乐⑥，由此而生。

天下太平，万物安宁。皆化其上，乐乃可成。成乐有具⑦，必节嗜欲。嗜欲不辟⑧，乐乃可务⑨。务乐有术，必有平出。平出于公，公出于道。故惟得道之人，其可与言乐乎！

亡国戮民，非无乐也，其乐不乐。溺者非不笑也，罪人非不歌也，狂者非不武也⑩，乱世之乐有似于此。君臣失位，父子失处，夫妇失宜，民人呻吟，其以为乐也，若之何哉？

---

① 度量：古时把作为基准的音律度数分为三等分，增加一分或减少一分，便产生新律。度量指音律度数的增减。② 太一：指道。 ③ 两仪：指天地。 ④ 天常：指自然的永恒规律。 ⑤ 凓：同“寒”。 ⑥ 和适：二字疑为衍文。（用毕沅说） ⑦ 具：具备，这里指条件。 ⑧ 辟：同“僻”，邪僻。 ⑨ 务：从事。 ⑩ 武：通“舞”。

凡乐，天地之和、阴阳之调也。始生人者，天也，人无事焉。天使人有欲，人弗得不求；天使人有恶，人弗得不辟①。欲与恶，所受于天也，人不得与焉，不可变，不可易。世之学者，有非乐者也，安由出哉？

大乐②，君臣、父子、长少之所欢欣而说也③。欢欣生于平，平生于道。道也者，视之不见，听之不闻，不可为状。有知不见之见、不闻之闻、无状之状者，则几于知之矣。道也者，至精也，不可为形，不可为名，强为之，谓之太一。

故一也者制令④，两也者从听⑤。先圣择两法一⑥，是以知万物之情。故能以一听政者⑦，乐君臣，和远近，说黔首，合宗亲；能以一治其身者，免于灾，终其寿，全其天；能以一治其国者，奸邪去，贤者至，成大化；能以一治天下者，寒暑适，风雨时，为圣人。故知一则明⑧，明两则狂⑨。

---

① 辟：同“避”。 ② 大乐：合于道的乐，与侈乐有别。 ③ 说：同“悦”，喜悦。 ④ 一：指道与君王。制令：指为君者制定法令。 ⑤ 两：指万物与臣。从听：即听从，指为臣要听从为君的。 ⑥ 择：通“释”（依松皋圆说），放弃。法：取法、效法。 ⑦ 以一听政：用“一”的原则（即道的原则）来处理政事。 ⑧ 知一则明：法一则明照万物。承上文“择两法一，是以知万物之情”而来。 ⑨ 明两：指尊臣以拟君，君臣无别。明，指尊显。狂：乱。（依陈奇猷说）

【翻译】

音乐的由来是相当久远的。它产生于音律度数的增减，以自然之道为本源。道产生天地，天地产生阴阳二气。阴阳的变化，一上一下，会合而构成文彩。天地最初形成时是浑浑沌沌的，它们分离了又会合，会合了又分离，这就叫做自然的永恒规律。天地就像转动的车轮一样，转完了一周又重复开始，到了一定的限度又返回，无不处处正常。日月星辰的运动，有的快有的慢，太阳与月亮虽然不一样，但它们都在各自的轨道上尽力运动。春夏秋冬四季交替运行，寒来暑往，有短有长，有的季节阴柔，有的季节阳刚。万物的产生，是作为自然之道的“太一”所创造的，是阴阳二气所化育的。阳气变化则萌芽发动，阴气变化则凝冻成形。凡有形体的地方，莫不有声音产生。声音产生和谐，和谐来源于合度。先王制定音乐，是从和谐与合度的原则出发的。

天下平安无事，万物安谧宁静，人民都归顺君王，上下相和音乐就制成了。音乐的制成是有条件的，必须节制嗜欲。只有嗜欲不入邪僻，才可专门从事音乐。从事音乐要有方法，必须从平和出发。平和出自公正，公正产生于自然之道。所以只有得道的人，才可以和他们谈论音乐啊！

被灭亡的国家和被屠杀的人民，不是没有音乐，但他们的音乐不使人欢乐。快要被淹死的人因为受到刺激，有时反而笑起来，即将判罪的人有时也唱唱歌，精神错乱的人有时也手舞足蹈，乱世的音乐就像这种情况。君臣失去正常的位序，父子关系不正常，夫妻关系失调，人民痛苦地呻吟，以此制定音乐，该会怎样呢？

大凡音乐都是天地和谐、阴阳调和的产物。最初生育人民的是天，人没有参与其事。天使人有了欲望，人不得不追求；天使人有所憎恶，人不得不回避。欲望与憎恶，是上天所赐予的，人不得参与其中，不可改，不能变。世上的学者有反对音乐的，这种论调是从哪里产生的呢？

大乐是君臣、父子、长幼所欢欣而喜悦的，欢欣出自平和，平和产生于道。所谓道，是看不见，听不到，又不能说出形状的东西。有人能知道在不见中有所见，在不闻中有所闻，在无形中见到形，就可说差不多懂得道了。道这个东西是最精妙的，说不出它的形状，叫不出它的名字，勉强给它起个名字，就叫它"太一"吧。

所以"一"是制作号令的，"两"是听从"一"的指挥的。先代圣王弃"两"取"一"，因此知道"一"产生万物的道理。所以能够用"一"来处理政事的人，使君臣欢乐，使亲疏远近和谐一致，使百姓高兴，使骨肉亲族和睦；能用"一"来修身的人，可以免除灾祸，终其天年，保全天性；能用“一”来治理国家的人，可以锄奸去邪，贤人不召自来，实现大治；能用“一”来治理天下的人，可以使寒暑适度，风雨及时，而成为圣人。所以懂得取法“一”就可明照万物，如使“两”尊显，犹如尊臣以拟君，必然出乱子。

侈　乐

本篇选自《仲夏纪第五》,文中所指斥的“侈乐”,实指乐器种类多、数量多(如千钟),体制特大(如齐钟),形状奇异(如巫音),有庞大乐队,发声如雷霆震怒的音乐,这实际是从古乐的观点和儒家的“节乐”的思想来反对当时兴起的新乐,有保守的一面。此文侧重论述的“乐情”,强调的是音乐的娱乐性能。它批评“侈乐”失“乐情”,对抑制“淫靡”之乐虽有一定作用,但认识也有片面之处。魏文侯听新乐则不知疲倦,听古乐则打瞌睡,民间的老百姓也喜欢“新乐”,这说明“新乐”并非没有娱乐作用。

人莫不以其生生，而不知其所以生；人莫不以其知知，而不知其所以知。知其所以知之谓知道；不知其所以知之谓弃宝。弃宝者必离其咎①。世之人主，多以珠玉戈剑为宝，愈多而民愈怨，国人愈危②，身愈危累③，则失宝之情矣④。乱世之乐与此同。为木革之声则若雷，为金石之声则若霆，为丝竹歌舞之声则若噪。以此骇心气、动耳目、摇荡生则可矣⑤，以此为乐则不乐。故乐愈侈，而民愈郁，国愈乱，主愈卑，则亦失乐之情矣。

凡古圣王之所为贵乐者，为其乐也。夏桀、殷纣作为侈乐，大鼓、钟、磬、管、箫之音，以巨为美，以众为观；俶诡殊瑰⑥，耳所未尝闻，目所未尝见，务以相过，不用度量。宋之衰也，作为千钟⑦；齐之衰也，作为大吕⑧；楚之衰也，作为巫音⑨。侈则侈矣，自有道者观之，则失乐之情。失乐之情，其乐不乐。乐不乐者，其民必怨，其生必伤。其生之与乐也，若冰之于炎日，反以自兵。此生乎不知乐之情，而以侈为务故也。

---

① 离：通“罹”，遭遇。 ② 国人愈危：“人”字疑衍。（依陈昌齐说） ③ 身愈危累：“危”字疑衍。（依陈昌齐说） ④ 情：实。 ⑤ 生：性，性情。 ⑥ 俶（chù 处）诡：奇异。殊瑰：特别瑰丽。 ⑦ 千钟：悬钟千枚。（依陈奇猷说）千举其成数，言其多，“千钟”有类古代的编钟。 ⑧ 大吕：齐钟名，为巨大之钟。 ⑨ 巫音：源于巫祝祷祀而具有浓厚民族风格的奇异音乐。

乐之有情，譬之若肌肤形体之有情性也。有情性则必有性养矣[1]。寒、温、劳、逸、饥、饱，此六者非适也。凡养也者，瞻非适而以之适者也[2]。能以久处其适，则生长矣。生也者，其身固静，感而后知，或使之也。遂而不返，制乎嗜欲；制乎嗜欲无穷，则必失其天矣。且夫嗜欲无穷，则必有贪鄙悖乱之心、淫佚奸诈之事矣。故强者劫弱，众者暴寡，勇者凌怯，壮者慠幼[3]，从此生矣。

【翻译】

人无不靠自己的生资生存并生生不息，但却不知道所赖以生存的是什么；人无不依赖自己的知觉感知外物，而不知自己赖以感知的是什么。知道自己所以能感知外物的原因，就叫“知道”。不知道自己所以能感知的原因，那就叫做“弃宝”。丢弃宝贝的人必然遭到灾祸。世上的君主，大多把珍珠、美玉、长戈、利剑当作宝贝，这些东西越多老百姓就越怨恨，国家就越危险，君主自身也就越感到烦劳，那就失掉了宝贝的实际意义了。乱世的音乐与这种情况相同。演奏木制、革制乐器的声音就像打雷，演奏铜制、石制乐器的声音就像雷霆震怒，演奏

---

① 性养：即养其性，也即是培养、保护性情。 ② 瞻：通“詹”，省察之意。适：适中。以：等于说使。 ③ 慠：同“傲”。

丝竹乐器之类歌舞音乐就像大嚷大叫。如果用这种声音来惊心动魄,震耳发聋,摇荡人的性灵是可以的,拿这些东西作为音乐,就不能使人快乐了。所以音乐越是奢侈,老百姓就越抑郁不乐,国家就越乱,国君的地位就越卑微,这样,也就失去音乐的实际意义了。

古代圣人之所以重视音乐,是因为它能使人快乐。夏桀、殷纣王制作奢侈淫靡的音乐,增大鼓、钟、磬、管、箫等乐器的声响,把声音巨大当作美好,把乐器众多视为壮观;他们的音乐追求奇异和过分瑰丽,是人们的耳朵不曾听到过的,眼睛不曾看到过的;他的音乐专意求过分,不遵法度。宋国衰弱的时候,制作千钟乐舞;齐国衰弱的时候,制作齐钟大吕;楚国衰弱的时候,制作奇异的巫音。这些音乐,论奢侈则够奢侈的了,但从有道者的观点看来,就失去音乐的实际意义了。失掉音乐的实际意义,这种音乐就不能使人快乐。音乐不能使人快乐,他们的人民必定埋怨,他们的生命必定受到伤害。他们的生命与这种音乐的关系,就像冰雪与烈日的关系一样,反倒要自为灾害。这种现象产生于不知音乐的实际意义,而专力以奢侈淫靡为务的缘故。

音乐的具有性情,就像人的肌肤形体具有性情一样。有性情就必然要有养护性情的方法。严寒、温热、劳累、安逸、饥饿、饱胀,这六种状态都不是适中的。大凡保养，就要明察那些不适于天性的东西而使之适于天性。能让其长期处在适中的环境中，就可以使生命长寿了。生命这个东西，它自身本来是静谧的，感受到外物而后才有知识，或者说是外物使它有了知识。如果随心所欲而流连忘返，就会被嗜欲牵制；受到嗜欲牵制而又无休无止，就必定丧失天性。况且人的嗜欲是无穷无尽的，这就必然产生贪婪、卑鄙、狂悖、作乱的心理，产生淫邪、奸诈的事情。所以发生强大者劫掠弱小者，人多势众者施暴于势单力寡者，勇猛者凌辱胆小者，强壮者傲视幼小者，这些现象都是被嗜欲牵制所产生的啊！

古　乐

本篇选自《仲夏纪第五》，是论证音乐悠久的历史的。文中保存了不少古乐产生的传说，其中还有些神话，虽不尽可靠，但文章指出古代的音乐与古代人民的生产斗争和原始宗教信仰有关（如葛天氏之乐），原始音乐是模拟自然中的风声、山林溪谷之声、鸟叫声等，这是符合音乐发展史的。另外，文章列举了许多古乐，并指出它们的产生都是为帝王歌功颂德，并用作祭祀，以其成功告诸神明，这也是很有价值的音乐史料。本篇的有关段落，常为音乐史家和文学史家所征引。

乐所由来者尚也①，必不可废。有节，有侈，有正，有淫矣。贤者以昌，不肖者以亡。

昔古朱襄氏之治天下也②，多风而阳气畜积，万物散解，果实不成，故士达作为五弦瑟③，以来阴气，以定群生。

昔葛天氏之乐④，三人操牛尾，投足以歌八阕⑤：一曰《载民》，二曰《玄鸟》，三曰《遂草木》，四曰《奋五谷》，五曰《敬天常》，六曰《达帝功》，七曰《依地德》，八曰《总万物之极》⑥。

昔陶唐氏之始⑦，阴多，滞伏而湛积⑧，水道壅塞，不

---

① 尚：久。 ② 朱襄氏：炎帝的别号。 ③ 士达：朱襄氏之臣。 ④ 葛天氏：相传为三皇时君号，在朱襄氏之后。 ⑤ 八阕：指乐舞的八章。 ⑥ 以上八阕之乐是反映古代劳动人民生产斗争和原始宗教信仰的舞乐。“载民”是歌颂负载人民的大地。“玄鸟”是歌颂作为氏族标志的图腾。“遂草木”是祝愿草木顺利地生长。“奋五谷”是祝五谷繁茂地生长。“敬天常”表达对自然规律的敬畏。“达帝功”是表达他们要通达天帝之功的愿望。“依地德”是表达他们要依照四时的旺气行事。“总万物之极”是说他们总的愿望是使万物发展到最高限度。（依杨荫浏《中国古代音乐史稿》说） ⑦ 陶唐氏：“陶唐”乃“阴康”之误（依毕沅说），阴康氏与葛天氏相接。 ⑧ 滞伏：凝滞沉积。湛（chén 沉）：通“沉”。

行其原①,民气郁阏而滞著②,筋骨瑟缩不达,故作为舞以宣导之。

昔黄帝令伶伦作为律③。伶伦自大夏之西,乃之阮隃之阴④,取竹于嶰谿之谷⑤,以生空窍厚钧者,断两节间——其长三寸九分——而吹之以为黄钟之宫⑥,吹曰舍少⑦。次制十二筒,以之阮隃之下,听凤皇之鸣,以别十二律。其雄鸣为六,雌鸣亦六,以比黄钟之宫,适合;黄钟之宫皆可以生之。故曰:黄钟之宫,律吕之本。黄帝又命伶伦与荣将铸十二钟⑧,以和五音,以施英韶⑨。以仲春之月,乙卯之日,日在奎⑩,始奏之,命之曰《咸池》⑪。

帝颛顼生自若水⑫,实处空桑⑬,乃登为帝。惟天之

---

① "水道壅塞,不行其原"句:与上下文不相连贯,陈奇猷疑系注文羼入,颇为有理,可供参考。 ② 郁阏(è 饿):郁抑不畅。 ③ 伶伦:传说为黄帝的乐官。伶,乐官。伦,人名。 ④ 阮隃:即昆仑山。昆仑或作"阮隃",因形近致误。 ⑤ 嶰谿:山谷名。 ⑥ 其长三寸九分:各家注释不一,颇有歧义。陈奇猷认为其音过高,据《淮南子》、《史记》、《说苑》等应改为九寸。详见陈著《黄钟管长考》。 ⑦ 舍少:二字是模拟声音之词。此句言"吹出来的声音是舍少"。(依刘复说) ⑧ 荣将:传说中的黄帝之臣。一作"荣援"。 ⑨ 英韶(sháo 勺):华美之音。 ⑩ 奎:二十八宿之一。 ⑪《咸池》:古乐名。 ⑫ 若水:古水名,即今雅砻江。 ⑬ 空桑:古地名。

合，正风乃行，其音若熙熙凄凄锵锵。帝颛顼好其音，乃令飞龙作①，效八风之音，命之曰《承云》，以祭上帝。乃令鱓先为乐倡②。鱓乃偃寝，以其尾鼓其腹，其音英英。

帝喾令咸黑作为《声歌》——《九招》、《六列》、《六英》③。有倕作为鼙、鼓、钟、磬、吹苓、管、壎、篪、鞀、椎、钟④。帝喾乃令人抃⑤，或鼓鼙，击钟磬，吹苓，展管篪。因令凤鸟、天翟舞之⑥。帝喾大喜，乃以康帝德⑦。

帝尧立，乃命质为乐⑧。质乃效山林谿谷之音以歌，乃以麋輅置缶而鼓之⑨，乃拊石击石，以象上帝玉磬之音，以致舞百兽，瞽叟乃拌五弦之瑟⑩，作以为十五弦之瑟。命之曰《大章》，以祭上帝。

---

① 飞龙：乐人名。"作"后当补一"乐"字。（依许维遹说） ② 鱓（tuó 驼）：通"鼍"，即鳄，皮可制鼓。倡：开始。 ③ 咸黑：帝喾之臣。《声歌》：当作"唐歌"，又作"康歌"，《九招》、《六列》、《六英》等二十一章皆在《康歌》中。 ④ 有倕：传说中的古代巧匠，即工倕。"有"为名词词头，如有唐、有宋，"有"字均无义。苓：笙。壎（xūn 薰）：同"埙"，陶乐器。篪（chí 池）：竹制乐器。鞀（táo 桃）：同"鼗"，长柄摇鼓。椎（chuí 垂）：捶击乐器的工具。钟：前已有钟，此"钟"疑为"衡"之误。"衡"指悬钟的横木。 ⑤ 抃（biàn 变）：两手相击。 ⑥ 天翟（dí 敌）：长尾巴的野鸡。 ⑦ 康：赞美。 ⑧ 质：当为"夔"之误。传说为尧、舜的乐官。 ⑨ 麋輅（mí luò 迷落）：麋鹿的皮革。 ⑩ 瞽叟：舜的父亲。拌（pàn 盼）：分开。

舜立，仰延乃拌瞽叟之所为瑟[①]，益之八弦，以为二十三弦之瑟。帝舜乃令质修《九招》、《六列》、《六英》，以明帝德。

禹立，勤劳天下，日夜不懈。通大川，决壅塞，凿龙门，降通漻水以导河[②]，疏三江五湖注之东海，以利黔首。于是命皋陶作为《夏籥》九成[③]，以昭其功。

殷汤即位，夏为无道，暴虐万民，侵削诸侯，不用轨度，天下患之。汤于是率六州以讨桀罪[④]。功名大成，黔首安宁。汤乃命伊尹作为《大护》，歌《晨露》[⑤]，修《九招》、《六列》，以见其善。

周文王处岐[⑥]，诸侯去殷三淫而翼文王[⑦]。散宜生曰[⑧]："殷可伐也。"文王弗许。周公旦乃作诗曰："文王在上，於昭于天。周虽旧邦，其命维新[⑨]。"以绳文王

---

① 仰延：人名。 ② 降：疑为衍文。漻水：洪水。 ③ 皋陶（yáo 姚）：禹臣。《夏籥（yuè 悦）》：即《大夏》，古乐名，用龠（同"籥"）伴奏。九成：九段。 ④ 六州：指古九州的荆、梁、雍、豫、徐、扬六州。 ⑤《大护》、《晨露》：皆古乐名。 ⑥ 岐：古邑名，周的发祥地，在今陕西岐山县东北。 ⑦ 三淫：指殷纣王所做的三件过分残暴的事，即"剖比干之心，断材士之股，刳（kū 枯）孕妇之胎"。（依高诱注）翼：辅佐。 ⑧ 散宜生：周文王四臣之一，姓散宜。 ⑨ 其命维新：言周受王命，自今开始。（依朱熹说）以上四句诗见《诗经·大雅·文王》。

之德①。

武王即位，以六师伐殷。六师未至，以锐兵克之于牧野②。归，乃荐俘馘于京太室③，乃命周公为作《大武》④。

成王立，殷民反，王命周公践伐之。商人服象⑤，为虐于东夷。周公遂以师逐之，至于江南。乃为《三象》，以嘉其德。

故乐之所由来者尚矣，非独为一世之所造也。

【翻译】

音乐的由来相当久远了，一定不能废弃。音乐有适中的，有奢侈过分的，有纯正的，有淫邪的，贤人因音乐的有节、纯正而昌盛，不肖的人因音乐的奢侈、淫邪而国灭身亡。

往古时代朱襄氏治理天下的时候，经常刮风因而阳气畜积过盛，万物散落解体，果实不能成熟，所以士达制作出五弦瑟，以此来招引阴气，以安定芸芸众生。

古时葛天氏的舞乐，三人手持牛尾，以脚踏地边舞

---

① 绳：称誉。 ② 牧野：古地名，在今河南淇县西南。 ③ 荐：献。俘馘（guó 国）：指被俘和被歼之敌。从敌尸上割下左耳叫馘。太室：太庙中的中室。 ④ 大武：古乐名，即孔子所评论的《武》。 ⑤ 服：驾驭。象：大象。

边歌八章:第一章叫《载民》,第二章叫《玄鸟》,第三章叫《遂草木》,第四章叫《奋五谷》,第五章叫《敬天常》,第六章叫《达帝功》,第七章叫《依地德》,第八章叫《总万物之极》。

古时阴康氏时代的初期,阴气过盛,凝滞而沉积,河道淤塞不通,河水不能在原先的河道上流通,人民心气抑郁而不舒畅,筋骨蜷缩而不舒展,所以创作乐舞来加以疏导。

过去黄帝叫伶伦创制乐律,伶伦从大夏山的西部,到达昆仑山的北面,在山谷中取来竹子,选用中空而壁厚均匀的竹子,截下两节之间的一段——其长三寸九分——而吹它,以它发出的声音作为黄钟律的宫音,吹出来的声音像“舍少”二音。接着又制造了十二个竹管,拿它到昆仑山下,听凤凰的鸣叫,借以区别十二个音律,雄凤鸣叫出六个声音,雌凰也鸣叫出六个声音,把凤凰的鸣叫声同黄钟的宫音相比较,正好合适。凤凰之音都可以从黄钟的宫音中产生出来,所以说黄钟的宫音是律吕的本源。黄帝又叫伶伦与荣将铸造十二口铜钟,用以和谐五音,以此展示华美的声音,在仲春之月,乙卯这天,太阳位置在奎宿的时候,开始演奏它们,这种音乐称为《咸池》。

古帝颛项生在若水边,实际居住在空桑,然后登上了帝位。这是与天意相合的，纯正之风于是运行，其声音像熙熙、凄凄、锵锵。颛顼喜欢这种声音，开始让飞龙作乐，模仿八方的风声，称此曲为《承云》，用以祭祀上天。颛顼又叫鳝先开始击鼓。鳝就仰面躺下，用尾巴敲打自己的肚皮，发出嘡嘡之声。

帝喾叫咸黑制作《唐歌》——《九招》、《六列》、《六英》等。巧匠倕制作鼙、鼓、钟、磬、吹笙、管、埙、篪、鼗、椎、钟架等乐器。帝喾就让人双手相击为节，有人击鼙，有人敲钟击磬，有人吹笙，有人拿出管、篪来吹。颛顼于是就让凤凰、野鸡闻声起舞。帝喾大为高兴，就用这种乐舞来赞美为帝的功德。

尧立为帝，便命令质制作音乐，质于是就模仿山林溪谷的声音用来创作乐歌，把鹿皮蒙在瓦盆上敲打，并敲打石头，以模仿上帝玉磬的声音，以此招引百兽齐舞。舜父瞽叟剖分五弦瑟成十五弦，制成十五弦瑟。这些乐器所演奏的乐章叫《大章》，用来祭祀上帝。

舜立为帝，仰延于是剖分瞽叟所做的十五弦瑟，再增加八弦，制成了二十三弦的瑟。帝舜让质练习《九招》、《六列》、《六英》等乐曲，以彰明自己的功德。

禹立为帝，为天下辛勤操劳，日夜不懈，疏通大河，决开堵塞河水的地方，开凿龙门山疏通洪水使其流入黄河，并疏浚了长江水系的三江五湖，使它们流入东海，以利于百姓。于是他叫皋陶制作《大夏》乐九章，以彰明他的功绩。

商汤即位时，夏桀胡作非为，残暴地虐害百姓，侵害掠夺诸侯，不按法度行事，天下的人都以他为祸害。汤王于是率领六州人民来讨伐夏桀的罪行，大功告成，名扬四海，百姓得以安生。汤王于是让伊尹制作《大护》乐、《晨露》歌，并演奏《九招》、《六列》等乐章，以表现他的美德。

周文王住在岐邑，各地诸侯因殷纣王做了三件灭绝人性的事而背叛他并辅佐周文王。散宜生说："殷纣王可以讨伐了。"文王不同意，周公旦于是作诗说："文王巍巍在上，伟大啊，德行辉映于天。岐周虽然是旧邦，受命于天是新气象。"周公用这首诗赞美了文王的功德。

周武王即位，统率六军讨伐殷纣，六军还没有到达殷都，便以精锐之师在牧野一战彻底击败了殷纣的军队。班师回朝之后，在京城太庙上献上俘虏和杀敌数目。武王就叫周公制作《武》乐。

成王即位之后，殷民叛乱，成王命令周公去讨伐叛民。殷商的遗民驾驭大象，在东夷施其威虐。周公于是率领军队追逐他们，一直追到江南。于是制作了《三象》乐，用以赞美他的功德。

所以说音乐的由来是相当久远的，它不单是哪一个时代所创制的。

振　　乱

本篇选自《孟秋纪第七》,“振乱”即消除动乱、救民于苦难之义。文章针对墨子的“非攻”、“救守”主张,批判了这种主张的为害之大和自相矛盾,提出以有道伐无道是正义的,战争的正义与否,不在于“攻伐”与“救守”,而在于能否“攻无道而罚不义”。此篇对战争的态度,反映了秦国兼并六国的要求,与墨家的主张相对立。而从《吕氏春秋》《荡兵》以下十二篇(含选入本书的《振乱》、《论威》、《爱士》、《顺民》等篇)来看,其要旨皆言兵之仁义礼让,诛暴振民,与《汉书·艺文志·兵家总论》中对司马法的评论颇相近似。据陈奇猷先生分析,此十二篇有可能出于司马法之学。

当今之世浊甚矣，黔首之苦不可以加矣。天子既绝①，贤者废伏②，世主恣行，与民相离，黔首无所告愬。世有贤主秀士，宜察此论也，则其兵为义矣。天下之民，且死者也而生，且辱者也而荣，且苦者也而逸。世主恣行，则中人将逃其君③，去其亲，又况于不肖者乎？故义兵至，则世主不能有其民矣，人亲不能禁其子矣。

凡为天下之民长也④，虑莫如长有道而息无道，赏有义而罚不义。今之世学者多非乎攻伐⑤。非攻伐而取救守，取救守，则乡之所谓长有道而息无道、赏有义而罚不义之术不行矣⑥。天下之长民⑦，其利害在察此论也。

攻伐之与救守一实也⑧，而取舍人异。以辨说去之，终无所定论。固不知，悖也；知而欺心，诬心。诬悖之士，虽辨无用矣。是非其所取而取其所非也，是利之而反害之也，安之反而危之也。为天下之长患、致黔首之

---

① 天子既绝：天子指周天子，《吕氏春秋》成书时代，秦尚未统一六国，周天子名存实亡，故说“天子既绝”。 ② 废：指弃而不用。伏：指隐居不出。 ③ 中人：指一般人。 ④ 民长：指人主，国君。 ⑤ 学者：指墨家学派。墨家主张“非攻”“救守”（防御）。 ⑥ 乡（xiàng 向）：通“向”，先时，过去。 ⑦ 长（zhǎng 掌）民：为人民作君主的人。 ⑧ 一实：实质一样。

大害者，若说为深[1]。夫以利天下之民为心者，不可以不熟察此论也。

夫攻伐之事，未有不攻无道而罚不义也。攻无道而罚不义，则福莫大焉，黔首利莫厚焉。禁之者，是息有道而伐有义也，是穷汤、武之事，而遂桀、纣之过也[2]。凡人之所以恶无道、不义者，为其罚也；所以蕲有道、行有义者[3]，为其赏也。今无道、不义存，存者，赏之也；而有道、行义穷，穷者，罚之也。赏不善而罚善，欲民之治也，不亦难乎？故乱天下、害黔首者，若论为大。

【翻译】

现在的社会混乱极了，老百姓的痛苦已经无以复加了。周天子已经废绝，贤人或弃而不用或隐居不出，昏乱的君主任意妄行，与老百姓离心离德，老百姓有苦而无所诉说。世上的贤明君主和才智之士，应当明察这种议论啊。懂得这一点他们的军队就会为正义而战了。天下的人民，将要濒临死亡的可以转而得到生路，将要蒙受耻辱的会转而得到荣耀，将要受苦的人会转而获得安乐。君主任意妄行，一般人就将会逃离他们的国君，

---

① 若：此。 ② 遂：顺。这里有助长之意。 ③ 蕲（qí 齐）：通“祈”，求。

离开他们的亲人，又何况不肖的人呢？所以，正义之师到了，君主就不能保有自己的人民了，做父母的也不能禁止他们子女的行动了。

凡是给天下人民做君主的，思考谋划的问题没有比助长有道而消除无道，奖赏正义而惩罚不义更重要的了。如今世上的学者大多反对攻伐战争，反对攻伐战争便会主张采用防御战争。如果采用防御战，那么刚才所说的助长有道而消除无道、奖赏正义而惩罚不义的原则就不能实行了。天下的国君，他们受益还是受害全在于能否明察这个道理。

攻击战与防御战，其实质是一样的，不过在取舍上因人而异。用辩论的办法来排除攻伐，最终也得不出结论。自己本来就不知道，那是糊涂；明明知道却自欺欺人，那便是欺骗。糊涂人和骗子，虽然善于巧辩又有什么用处呢？反对用兵攻伐而又主张用兵防卫，这样的理论虽是想有利于人民却反而害了他们，是想使他们安定却反而使他们处在危险之中。构成天下的长久祸患，给老百姓带来严重灾害的，就要以此说为害最深了。那种志在为天下人民谋利的人，不可不详察这种议论啊。

提到攻伐之类的事，没有不是攻击无道而惩罚不义的。攻击无道而惩罚不义，自身受惠没有比这更大的了，老百姓获利也莫过于此。禁止攻伐之事，这是消除有道而讨伐正义，是使商汤周武王的正义事业受到困厄而助长夏桀、商纣的罪恶啊。大凡人之所以厌恶做无道或不义之事，为的是使自己免遭责罚；所以要祈求有道、办正义的事，是为了受到奖赏。现在让无道、不义之人安然存在，安然存在是一种奖赏呀；而有道、行正义的人反而遭受穷厄，穷厄是一种惩罚呀。奖赏恶人而惩罚善良的人，而想把人民管理好，不是很困难的事情吗？所以使天下大乱、老百姓遭殃，要以这种反对攻伐的理论危害最大。

论　威

本篇选自《仲秋纪第八》，是论述军事威力的。文章首先强调了“义”为“万事之纪”，以此申明“正义之师”的重要。文章认为军令是“三军一心”、克敌制胜的根本，并认为最大的威在于引而未发之时，使敌人慑于自己的力量，闻风丧胆，不战而败。在战术上则主张迅速抓住有利时机，以“急疾捷先”取胜。最后指出用兵的大要，在于攻其不备，出其不意，即“谋物之不谋之不禁也”，此点则与孙子兵法相合。文章在论威方面颇为全面，在战略思想和战术方面均有许多可取之处。

义也者，万事之纪也[①]，君臣、上下、亲疏之所由起也，治乱、安危、过胜之所在也[②]。过胜之，勿求于他，必反于己。

人情欲生而恶死，欲荣而恶辱。死生荣辱之道一，则三军之士可使一心矣。

凡军，欲其众也；心，欲其一也。三军一心，则令可使无敌矣。令能无敌者，其兵之于天下也，亦无敌矣。古之至兵[③]，民之重令也[④]，重乎天下，贵乎天子[⑤]。其藏于民心，捷于肌肤也[⑥]，深痛执固[⑦]，不可摇荡，物莫之能动。若此则敌胡足胜矣？故曰：其令强者其敌弱，其令信者其敌诎[⑧]。先胜之于此，则必胜之于彼矣。

凡兵，天下之凶器也；勇，天下之凶德也。举凶器，行凶德，犹不得已也。举凶器必杀，杀，所以生之也；行凶德必威，威，所以慑之也。敌慑民生，此义兵之所以降

---

① 纪：此指法度准则。 ② 过胜：犹言胜负，胜败。过，犹负，败。（依孙锉鸣说） ③ 至兵：最好的军队，至善之兵。 ④ 重令：尊重命令。 ⑤ “重乎天下”二句：这两句省略的主语是“令”。（依陈奇猷说） ⑥ 捷于肌肤：接于肌肤为其所感觉。捷，通“接”。 ⑦ 深痛执固：省略的主语是令。犹言“令内则深藏于其心，外则痛痒于其肌肤，故其执之坚固而不可动摇也”。（依陈奇猷说） ⑧ 信：通“伸”，畅行无阻。诎（qū屈）：通“屈”。与上句“信”相对。

也。故古之至兵，才民未合①，而威已谕矣。敌已服矣，岂必用枹鼓干戈哉？故善谕威者，于其未发也，于其未通也，窅窅乎冥冥②，莫知其情，此之谓至威之诚。

凡兵，欲急疾捷先。欲急疾捷先之道，在于知缓徐迟后而急疾捷先之分也。急疾捷先，此所以决义兵之胜也，而不可久处。知其不可久处，则知其兔起凫举死殙之地矣③。虽有江河之险则凌之，虽有大山之塞则陷之。并气专精，心无有虑，目无有视，耳无有闻，一诸武而已矣④。冉叔誓必死于田侯⑤，而齐国皆惧；豫让必死于襄子⑥，而赵氏皆恐；成荆致死于韩主⑦，而周人皆畏；又况乎万乘之国而有所诚必乎？则何敌之有矣？刃未接而欲已得矣。敌人之悼惧惮恐，单荡精神尽矣，咸若狂魄，

---

① 才民未合："才"为"士"之误。"此言士卒未尝交锋，而威已见矣。"（依蒋维乔说） ② 窅窅（yǎo 咬）：犹冥冥，深曲隐晦的样子。 ③ 兔起凫举：喻行动迅疾。凫（fú 服），水鸟，俗称"野鸭子"。殙（mèn 闷）：通"殇"，"死殙"犹言死亡。（依高亨说） ④ 一：专一。诸："之于"的合音字。武：用武，作战。 ⑤ 冉叔：战国时的义士。田侯：齐国国君，田姓。此句本事失考。 ⑥ 豫让：春秋末晋国人，曾为智伯的家臣，智伯以国士待之。智氏被赵、韩、魏三家灭掉之后，屡次刺杀赵襄子，事败后自杀。赵襄子：名无恤（一作"毋恤"），赵简子之子，他与韩、魏二家合谋，灭了智氏。 ⑦ 成荆：齐国的勇士，致死于韩主事，失考。

形性相离，行不知所之，走不知所往，虽有险阻要塞、铦兵利械①，心无敢据，意无敢处，此夏桀之所以死于南巢也②。今以木击木则拌，以水投水则散，以冰投冰则沉，以涂投涂则陷③，此疾徐先后之势也。

夫兵有大要：知谋物之不谋之不禁也，则得之矣。专诸是也④，独手举剑至而已矣，吴王壹成⑤。又况乎义兵，多者数万，少者数千，密其躅路⑥，开敌之涂⑦，则士岂特与专诸议哉⑧！

【翻译】

义是处理万事万物的法度准则，是处置君臣、长幼、

---

① 铦（xiān 先）：锋利。兵、械：指兵器。 ② 南巢：古地名，故址在今安徽巢湖市。张守节《史记正义》引《括地志》云：庐州巢县有巢湖，即《尚书》"成汤伐桀，放于南巢"者也。 ③ 涂：泥。 ④ 专诸：春秋时吴国人，他为吴公子光（阖闾）刺杀了吴王僚，自己也被杀而死。 ⑤ 壹成：一举成功。或指吴王被专诸一击而死。 ⑥ 密其躅路：指人数众多，密布于道路。躅（zhuó 浊），足迹。 ⑦ 开敌之涂：陈奇猷谓"开，展也。'开敌人之涂'，谓人数众多，开展于敌人进退之途，即围困敌人不使其进退也"。案，"开展于敌人进退之途"，于义难通。《尔雅·释言》："开，关也。""开敌之涂"，即关闭敌人的进退之路，有堵截、围困敌人之意。此说可供参考。 ⑧ 句谓士岂只与专诸相提并论？即远胜于专诸。议，论。

亲疏关系的出发点，是国家治乱、安危、胜败的关键之所在。胜败的关键，无须另外寻求，一定要在自身中求得。

人的本性是渴望生存而厌恶死亡，是想得到荣耀而厌恶耻辱。生死、荣辱的原则法度统一了，就可以使三军将士的思想一致了。

对于军队，希望多多益善；对于人心，希望思想统一。三军一心，军令使之必行，则其威就无以匹敌了。令行而军威无以匹敌，军队也就无敌于天下了。古代最好的军队，是由于人民最听命令。军令比天下还重要、比天子还尊贵。军令内则藏在人民的心里，外则直接关系到肌肤的苦痛，所以执行命令坚定而不可动摇，任何外物也不能改变它。如能这样，克敌制胜何足挂齿呢？所以说：号令严明的军队，他的对手必然软弱；号令畅行无阻的军队，他的对手必然无法伸展。先在军令上取胜，就必然在作战中也会取得胜利。

大凡兵器，都是天下的凶器；而勇敢，则是天下的凶德了。手持凶器，施行凶德，是由于不得已啊！举凶器必定杀人，杀了敌人，人民的生命才得以保存，施行凶德必然要显示武力，显示武力，是用以使敌人畏惧的手段。敌人丧胆，人民才得以生存，这是正义之师所以兴盛的原因。所以古代最好的军队，士卒未曾交锋，而威力已显示出来了。敌人已经屈服了，何必再敲着战鼓大动干戈呢？所以善于显示威力的，要在他的威力引而未发之时，要在两军未交锋之时，这时威力深远难测，使敌人摸不清其真实情况，这就是威力达到顶点的实况。

凡用兵打仗，都想行动迅速、捷足先登。要想知道行动迅速和捷足先登的方法，关键在于要懂得行动迟缓、拖拖拉拉与行动迅速、捷足先登的区别。行动迅速、捷足先登，这是正义之师所以取得胜利的条件，而决胜的时机不能长期存在。知道不能长期存在，就会懂得要捕捉兔跑凫飞的那一刹那而致敌人于死地了。这时虽然有江河之险也要飞渡凌越而过，纵有依山据险的要塞也要攻陷它。要屏气凝神，一心专注而无疑虑，目不旁观，耳不旁听，专力用在打仗上就行了。义士冉叔发誓一定要杀死齐国国君，使齐国君臣都很害怕；豫让一定要刺死赵襄子，而使赵襄子一家都很害怕；成荆要致韩国国君于死地，周人都十分害怕；更何况战车万乘的大国而又有一定要达到目的的决心呢？哪有人敢和他交锋？未曾短兵相接而目的已经达到了，敌人惊恐万状，精神完全散乱，一个个都丧魂落魄如同疯子一样，形神分离，走不知走向何处，跑不知跑到哪里，他们纵有险阻要塞、利兵锋刃，心里不敢据险抵抗，精神上也得不到安宁，这是夏桀所以死于南巢的原因呀。如今假如用木头打击木头，被打的木头就会很快裂开，把水倒在水中，原来的水就会慢慢散开，用冰块去砸河中的冰，河中的冰块很快就沉下去，用泥巴投在泥塘中，塘中的泥巴就慢慢下陷，这就是快慢先后形成的必然态势。

用兵有个大要领：要懂得攻其不备，出其不意，这样就算得到要领了。专诸就是如此，他独自一人手举剑落就完事了，吴王阖闾因专诸一击而成就了王业。又何况正义之师，多者达数万人，少者也有数千人，密布于道路，堵截了敌人的进退之路，像这样成千上万的武士，专诸又怎么能和他们相提并论呢！

爱士（一作慎穷）

本篇选自《仲秋纪第八》，文章首先指出爱士必须在人处在最困难的环境时，关心他，爱护他，这样才能得到最优秀的人才。篇中选出秦穆公与赵简子爱士的两个故事，旨在说明君主只要做到"行德爱人"，人民就会"亲其上"并"乐为君而死"。这说明只有主兵者宜爱士民，然后士民乃愿为之死战。这显然是兵家为国君献策的。末段与上文内容不接，疑有脱文或他篇文字混入。

衣人，以其寒也；食人，以其饥也。饥寒，人之大害也；救之，义也。人之困穷，甚如饥寒，故贤主必怜人之困也，必哀人之穷也。如此则名号显矣，国士得矣。

昔者，秦穆公乘马而车为败①，右服失而野人取之②。穆公自往求之，见野人方将食之于岐山之阳。穆公叹曰："食骏马之肉而不还饮酒③，余恐其伤女也④！"于是遍饮而去。处一年，为韩原之战⑤。晋人已环穆公之车矣，晋梁由靡已扣穆公之左骖矣⑥，晋惠公之右路石奋投而击穆公之甲⑦，中之者已六札矣⑧。野人之尝食马肉于岐山之阳者三百有余人，毕力为穆公疾斗于车下，遂大克晋，反获惠公以归。此《诗》之所谓曰"君君子则正，以行其德；君贱人则宽，以尽其力"者也⑨。人主其

① 败：坏。"乘马"与"车败"前后不合。"马"字疑为"驾"之误，乘字当系衍文。（依陈奇猷说） ② 右服：四匹马驾车，中间两匹马叫服，在右边的叫右服。失（yì 义）：通"逸"，狂奔失控，此指逃掉。野人：指农夫。 ③ 还（xuán 旋）：通"旋"，立即。 ④ 女（rǔ 汝）：你，你们。 ⑤ 韩原之战：韩原为春秋时晋地，在今山西芮城。据《左传》记载，此战发生在公元前645 年。 ⑥ 梁由靡：晋大夫，梁由为姓。扣：抓住，牵住。左骖：四马驾车，在两边的马叫骖，在左边的叫左骖。 ⑦ 晋惠公：名夷吾，公元前 650—前 637 年在位。右：车右，驾车之人。路石：车右之名。投：当为"杸"之误。"杸"同"殳"，古代兵器之一，竹制，有棱无刃。 ⑧ 札：甲叶，古代甲叶有多少，其制不详。据《宋史·兵志》载：甲叶共一千八百二十五片。 ⑨ 这四句诗不见于《诗经》，当为逸诗。句首两"君"字，均用作动词，给……作君。

胡可以无务行德爱人乎？行德爱人，则民亲其上；民亲其上，则皆乐为其君死矣。

赵简子有两白骡而甚爱之①。阳城胥渠处广门之官②，夜款门而谒曰："主君之臣胥渠有疾，医教之曰：'得白骡之肝，病则止；不得则死。'"谒者入通。董安于御于侧③，愠曰④："嘻！胥渠也。期吾君骡⑤，请即刑焉。"简子曰："夫杀人以活畜，不亦不仁乎？杀畜以活人，不亦仁乎？"于是召庖人杀白骡，取肝以与阳城胥渠。处无几何，赵兴兵而攻翟⑥。广门之官，左七百人，右七百人，皆先登而获甲首⑦。人主其胡可以不好士？

凡敌人之来也，以求利也。今来而得死，且以走为利。敌皆以走为利，则刃无与接。故敌得生于我⑧，则我得死于敌；敌得死于我⑨，则我得生于敌。夫得生于敌，与敌得生于我，岂可不察哉？此兵之精者也。存亡死

---

① 赵简子：晋大夫，名鞅，又名志父，也称赵孟，死谥简子。 ② 阳城胥渠：姓阳城，名胥渠。处：居住。"处"上当脱"有疾"二字。（依陈奇猷说）广门：晋邑名。官：小吏。又一说，广门指门名。官为馆之误字，可供参考。 ③ 董安于：赵简子家臣，一作"董阏于"。御：侍奉。 ④ 愠（yùn 运）：恼怒。 ⑤ 期：希冀，这里指想得到。 ⑥ 翟（dí 敌）：通"狄"，我国古代北方地区的少数民族名。 ⑦ 甲首：披甲者的首级。 ⑧ 敌得生于我：指未能克敌，所以敌人得以生存。 ⑨ 敌得死于我：指克敌制胜，使敌人处于死地。

生，决于知此而已矣。

【翻译】

给人衣穿，因为他受冻；给人饭吃，因为他挨饿。挨饿受冻是人的大灾，救人于饥寒，这是正义的行为啊。人所遭受的困苦厄难，比饥寒更为严重，所以贤明的君主一定要怜悯陷入困境的人们，一定要同情贫困的人。若能这样做，君主的名声就显赫了，智勇出众的人就招来了。

过去，秦穆公坐车出行，车子坏了，右侧驾辕的马脱缰跑掉，马被农夫捉住。穆公亲自去寻找这匹马，看到岐山南边的一群农夫正在吃马肉。穆公叹息说："吃了骏马的肉而不马上喝酒，我担心马肉会伤害你们的身体啊！"于是穆公一一赐酒给他们喝，然后离去。过了一年，秦、晋发生韩原之战。晋兵已经包围了穆公乘坐的战车，晋大夫梁由靡已经抓住了穆公车上左侧的马，晋惠公的车右路石奋力挥殳已击中穆公的铠甲，甲叶被击穿的有六片之多。这时岐山南部分食秦穆公马肉的三百多农夫，竭尽全力为秦穆公在车下勇猛战斗，于是大败晋军，秦穆公反而俘虏了晋惠公凯旋而归。这就是一首诗中所说的："给君子作国君就公正行德，君子则无德不报；给贱民作国君要对他们宽容大度，他们会因此尽力报答。"君主怎能不施行仁德、爱护百姓呢？君主施行仁德、爱护百姓，人民就会爱戴国君。人民爱戴君主，就都乐于为他们的君主牺牲自己。

赵简子有两匹白骡子，非常喜爱。在广门邑做小吏的阳城胥渠病了，夜间敲赵简子的大门并求见说："您的臣胥渠有病，医生告诉我说：'弄到白骡的肝吃了病就能好，弄不到白骡肝就会死亡。'"守门官进去向赵简子禀告，董安于正侍奉在赵简子身边，恼怒地说："嘿！胥渠这个家伙，算计起我们主君的骡子来了。请允许我把他杀掉！"简子说："把人杀掉让牲畜活着，这不是太不仁义了吗？杀掉牲畜用来救活一个人，这不是仁义吗？"于是呼唤厨师杀掉白骡，取出肝来交给阳城胥渠。过了没多久，赵简子举兵攻狄，广门邑的官吏左队七百人，右队七百人，都争先杀敌并获得披甲武士的首级。由此看来，君主怎么可以不爱士呢？

凡是来犯的敌人，都是为了追求某种好处；假如来犯就是丧命，那就以退却为有利。如果敌人都以退却为有利，那就用不着锋刃相交了。所以如果敌人在我们这里争得活路，那我们就可能死于敌人之手。如果敌人死在我们的手下，那我们就从敌人那里争得了活路。那么，是我们从敌人手下得到活路，或是敌人在我们手下得到活路，这样的问题难道可以不明察吗？这是用兵的精妙之处。生死存亡的问题，就取决于懂得不懂得这个道理了。

顺　民

《顺民》选自《季秋纪第九》，所谓“顺民”即依顺民心。只有顺民心，才能功成名就，只有取民之所悦，才能得民心。文中列举了汤王、周文王、越王勾践等所以能立大功、成大名，首先在于深得民心，能注意人民的疾苦，此篇用具体事例论述了“得民心者昌，失民心者亡”的道理。

本篇继承了孔、孟、荀的仁德和民本思想，亦含兵家顺民心然后即战的主张，反映了新兴地主阶级对民心的重视。

先王先顺民心，故功名成。夫以德得民心以立大功名者，上世多有之矣。失民心而立功名者，未之曾有也。

得民必有道[①]，万乘之国，百户之邑，民无有不说[②]。取民之所说而民取矣，民之所说岂众哉？此取民之要也。

昔者汤克夏而正天下。天大旱，五年不收，汤乃以身祷于桑林[③]，曰："余一人有罪，无及万夫。万夫有罪，在余一人。无以一人之不敏，使上帝鬼神伤民之命。"于是翦其发[④]，鄜其手[⑤]，以身为牺牲，用祈福于上帝。民乃甚说，雨乃大至。则汤达乎鬼神之化、人事之传也。

文王处岐事纣，冤侮雅逊[⑥]，朝夕必时，上贡必适，祭祀必敬。纣喜，命文王称西伯，赐之千里之地。文王载拜稽首而辞曰："愿为民请炮烙之刑[⑦]。"文王非恶千里之地，以为民请炮烙之刑，必欲得民心也。得民心则贤于千里之地，故曰文王智矣。

越王苦会稽之耻[⑧]，欲深得民心，以致必死于吴。身

---

① 必：当为"心"之误。（依陶鸿庆说） ② 说（yuè 悦）：同"悦"，喜悦。下两句同。 ③ 祷：祈神求福。桑林：地名，在春秋宋国境内，相传为汤王祈雨之所。 ④ 翦其发：剪去头发是古代的一种刑罚。 ⑤ 鄜：当为"磿"（lí 离）之误。磿即"枥"之假借，指木柙十指而缚之，这是古代一种刑罚。 ⑥ 冤侮：蒙冤而受到侮慢。雅逊：指雅正谦逊执诸侯之礼不变。 ⑦ 请：据《太平御览》下脱一"去"字。（依蒋维乔说）炮烙之刑：以火烧灼的刑罚。 ⑧ 会稽之耻：指越王勾践被吴王夫差战败，困于会稽，向吴王称臣纳贡事。

不安枕席，口不甘厚味，目不视靡曼①，耳不听钟鼓。三年苦身劳力，焦唇干肺②，内亲群臣，下养百姓，以来其心。有甘脆不足分，弗敢食；有酒流之江，与民同之。身亲耕而食，妻亲织而衣。味禁珍，衣禁袭③，色禁二。时出行路，从车载食，以视孤寡老弱之渍病、困穷、颜色愁悴、不赡者④，必身自食之。于是属诸大夫而告之曰："愿一与吴徼天下之衷⑤。今吴、越之国相与俱残⑥，士大夫履肝肺，同日而死，孤与吴王接颈交臂而偾⑦，此孤之大愿也。若此而不可得也，内量吾国不足以伤吴，外事之诸侯不能害之，则孤将弃国家，释群臣，服剑臂刃，变容貌，易名姓，执箕帚而臣事之，以与吴王争一旦之死。孤虽知要领不属⑧，首足异处，四枝布裂，为天下戮⑨，孤之志必将出焉！"于是异日果与吴战于五湖⑩，吴师大败，遂大围王宫，城门不守，禽夫差，戮吴相，残吴二年而霸。此先顺民心也。

---

① 靡曼：指细理弱肌的美色女子。 ② 干肺：肺气枯竭，比喻力气用尽。 ③ 袭：衣外加衣。 ④ 渍病：传染病。 ⑤ 徼（yāo 腰）：求。下：衍文。衷：善，福。 ⑥ 今：当作"令"，盖言愿令如此。（依俞樾说） ⑦ 接颈交臂：像摔跤似的肉搏。偾（fèn 愤）：倒覆，僵仆。 ⑧ 要（yāo 腰）领不属（zhǔ 主）：指被腰斩。要，古"腰"字。领，指脖子。属，连接。 ⑨ 戮：此指侮辱。 ⑩ 五湖：指太湖。

齐庄子请攻越[①],问于和子[②]。和子曰:“先君有遗令曰:‘无攻越。越,猛虎也。’”庄子曰:“虽猛虎也,而今已死矣。”和子曰以告鸮子[③]。鸮子曰:“已死矣,以为生。”故凡举事,必先审民心,然后可举。

【翻译】

古代的先王首先依顺民心,所以能功成名就。那些以自己的仁德博取民心而建立大功成就美名的人,古代已有很多了。失掉民心而功成名就的,还不曾有过。得民心是有方法的,不论是拥有战车万乘的大国,还是仅有百户人家的小邑,他们的人民都有所喜爱,选取人民喜欢的事做,民心就获得了。老百姓所喜欢的事难道很多吗?这是取得民心的关键。

过去汤王灭掉夏桀而治理天下,遇上大旱之年,五年没有收成,汤王于是亲自去桑林向上天祈祷,说:“是我一人有罪,不要罪及万民,即使万民有罪,罪责也在我一人身上。不要因为我一个人的不才,致使上帝鬼神伤害百姓的性命。”汤王于是剪掉自己的头发,枥起自己的

---

① 齐庄子:即田庄子,为齐宣公之相。 ② 和子:即田和,田庄子之子。 ③ 曰:“因”字之误。(依陶鸿庆说)鸮子:即鸱夷子皮,他是田常(田庄子的祖父)的家臣。

手指，以自身作为祭祀上天的牺牲品，向上帝祈求福佑。老百姓于是非常高兴，大雨也自天而降。汤王可以说是通晓鬼神的变化和人事转移道理的人。

周文王居于岐邑臣事纣王，虽遭纣王的冤屈侮慢依然雅正谦恭，对纣王早朝晚拜不失其时，进献贡物必定合宜，祭祀时一定恭恭敬敬。纣王对此大喜，封文王为西伯，赏赐他方圆千里的封地。文王一边叩头拜谢一边推辞封赏，说："我愿为百姓请求免除炮烙的刑罚。"文王并不是厌恶方圆千里的封地，他懂得替百姓请求免除炮烙之刑，一定会大得民心，得民心则胜过得千里之地。所以说文王是颇为明智的啊。

越王勾践因会稽之败的耻辱而感到痛苦，他想深得民心，来让老百姓能为灭吴而献身，他的身不安于枕席的舒适，口不尝美味佳肴，眼睛不看美色女子，耳朵不听钟鼓之乐。三年之中苦心劳力，嘴唇干裂肺气用尽，对内亲近群臣，对下养护百姓，以使他们归心于己。有甜美的食物如不够分配，自己不敢吃；有酒把它倒入江中，与人民共同饮用它。靠自身亲自种地吃饭，靠妻子亲自纺织穿衣。饮食禁用珍味佳肴，穿衣不在衣外加衣，衣服禁杂用两种颜色。时常出外巡行，随从车辆装载着食物，去探望孤寡老弱中患病的、穷困的、面色忧愁憔悴的、饮食不足的人，一定要亲自给他们食物吃。于是勾践召集大夫们告诉他们说："我愿与吴决一胜负，看看上天赐福与谁。让吴、越两国两败俱伤，让士大夫肝肺涂地、同日而死，我与吴王交手肉搏共同僵仆而亡，这是我最大的愿望了。如果这种愿望不能实现，从国内看我们的国力不足以击败吴国，从国外考虑联合诸侯也不能灭掉吴国，那我就抛弃国家，离开群臣，身佩宝剑，手持利刃，改变容貌，更名换姓，充当仆役，拿扫帚去侍奉吴王，以便与吴王决一日之短长而同归于尽。我虽然知道这样做会腰断颈绝，首足分开，四肢分裂，被天下人所耻笑，但我的志向一定要实现啊！"后来果然与吴国决战于太湖，吴国的军队大败，接着就派军队重重包围了吴王的宫城，吴国城门失守，活捉了吴王夫差，杀了吴国的宰相，灭吴二年之后便称霸诸侯，这是先顺从民心的结果。

齐国的田庄子请齐王攻打越国，征求其子田和子的意见。和子说："先君留下的诏令说：'不要攻打越国。越国，是猛虎啊。'"田庄子说："过去虽然是猛虎，但现在这只猛虎已死了。"和子遂将这话告诉鸮子，鸮子说："虽然已经死了，但人们还认为它活着。"所以凡办某件事，一定先要考察民心向背，然后才可行动。

节　丧

《节丧》选自《孟冬纪第十》，主张“节丧”，反对“厚葬”，与墨家主张的“节丧”有一致之处。文章指出葬的本意是让死者得安，而“厚葬”的大量陪葬品，却是诱发坏人盗墓的根源，因此“厚葬”非“安死”之法。本文虽然指出“厚葬”是一种坏风气，也揭露了厚葬者摆阔气让人看的虚伪性，但对厚葬的直接危害所论较少，似没有击中要害，这一点又与墨家不一样。

审知生，圣人之要也；审知死，圣人之极也①。知生

① 极：同“亟”，急务。

也者，不以害生，养生之谓也；知死也者，不以害死，安死之谓也①。此二者，圣人之所独决也②。

凡生于天地之间，其必有死，所不免也。孝子之重其亲也，慈亲之爱其子也，痛于肌骨，性也。所重所爱，死而弃之沟壑，人之情不忍为也，故有葬死之义。葬也者，藏也，慈亲孝子之所慎也。慎之者，以生人之心虑③。以生人之心为死者虑也，莫如无动④，莫如无发⑤。无发无动，莫如无有可利，则此之谓重闭⑥。

古之人有藏于广野深山而安者矣，非珠玉国宝之谓也，葬不可不藏也。葬浅则狐狸扣之⑦，深则及于水泉。故凡葬必于高陵之上，以避狐狸之患、水泉之湿。此则善矣，而忘奸邪、盗贼、寇乱之难，岂不惑哉？譬之若瞽师之避柱也，避柱而疾触杙也⑧。狐狸、水泉、奸邪、盗贼、寇乱之患⑨，此杙之大者也。慈亲孝子避之者，得葬

---

① 安死：使死者安。 ② 决：决断，明确的看法。 ③ 此句有脱文，当作"以生人之心为死者虑"。（依陶鸿庆说） ④ 无动：指死者不因发掘墓葬而惊动。 ⑤ 无发：指后人因死者墓中无葬物而不去发掘它。 ⑥ 重闭：大闭，指墓中无殉葬品，掘墓人无利可图，不会招致发掘，故称重闭。 ⑦ 扣（hú胡）：发掘。 ⑧ 避柱：避免碰到柱子。杙（yì 义）：一头尖的小木桩。 ⑨ 狐狸水泉：四字疑为衍文，从上下文看，以柱喻狐狸水泉，以杙喻奸邪盗贼。（依陈昌齐说）

之情矣。

善棺椁，所以避蝼蚁蛇虫也。今世俗大乱，之主愈侈其葬[①]，则心非为乎死者虑也，生者以相矜尚也。侈靡者为荣，节俭者以为陋，不以便死为故，而徒以生者之诽誉为务。此非慈亲孝子之心也。父虽死，孝子之重之不怠；子虽死，慈亲之爱之不懈。夫葬所爱所重，而以生者之所甚欲，其以安之也，若之何哉？

民之于利也，犯流矢，蹈白刃，涉血盩肝以求之[②]。野人之无闻者[③]，忍亲戚、兄弟、知交以求利。今无此之危，无此之丑[④]，其为利甚厚，乘车食肉，泽及子孙。虽圣人犹不能禁，而况于乱？

国弥大，家弥富，葬弥厚。含珠鳞施[⑤]，夫玩好货宝，钟鼎壶滥[⑥]，舆马衣被戈剑，不可胜其数。诸养生之具，无不从者。题凑之室[⑦]，棺椁数袭，积石积炭，以环其外。奸人闻之，传以相告。上虽以严威重罪禁之，犹不可止。

---

① 之主：当作“人主”。（依孙人和说） ② 涉（dié 迭）血：流血。涉，通“喋”。盩（chōu 抽）肝：抽肝，指残杀。盩，通“抽”。 ③ 野人：与君子相对而言，多指农夫。无闻：不懂礼义。 ④ 丑：耻辱。 ⑤ 含珠：古代葬物，将珍珠放在死者口中。鳞施：联缀玉片制成的葬服，因套在死者身上如鱼鳞，故名。 ⑥ 滥：通“鑑”。 ⑦ 题凑：古代贵族死后，椁室用厚木累积而成，头皆内向，称“题凑”。

且死者弥久，生者弥疏；生者弥疏，则守者弥怠；守者弥怠而葬器如故，其势固不安矣。

世俗之行丧，载之以大輴①，羽旄旌旗、如云偻翣以督之②，珠玉以佩之，黼黻文章以饬之③，引绋者左右万人以行之④，以军制立之然后可⑤。以此观世⑥，则美矣，侈矣；以此为死，则不可也。苟便于死，则虽贫国劳民，若慈亲孝子者之所不辞为也。

【翻译】

明察生命是圣人的要事，明察死亡是圣人的急务。明察生命的人，不让外物伤害生命，这就是所谓养生。明察死亡的人，不让外物损害死者，这就是所谓使死者得安。这两件事，惟独圣人才能明断。

凡是生活于天地之间的事物，它们必然要死亡，死亡是人所不可避免的。孝子尊重他们的父母，慈祥的父

---

① 輴(chūn 春)：载棺柩的车。 ② 偻(liǔ 柳)：盖在柩车上的饰物。翣(shà 啥)：用羽毛制成的伞形之物，有柄，持之随柩车而行。 ③ 黼黻(fǔ fú 府服)：古代礼服上绘绣的花纹。④ 绋(fú 服)：牵引棺柩的绳索。在庙举柩的绳索叫绋，在路引柩车的绳索叫引。按，古代的葬礼，送葬者必执绋。⑤ 这句是说，以军法临之，然后行列方可不乱。立，通"涖"，临。 ⑥ 观世：让世人观看，炫耀于世人。

母疼爱他们的儿子,这种感情深入肌骨,是人的天性啊。自己所尊重所疼爱的人,死亡之后把他们抛在沟壑之中,人之常情是不忍心这样做的,因而产生了葬送死者的道理。所谓葬,就是藏的意思,这是慈祥的父母和孝顺的儿子应当慎重对待的问题,所谓慎重,就是说活着的人心中要为死者考虑。从活人的心里为死者考虑,没有什么比让死者入土后不动、让死者的坟墓不被发掘再重要的了。既要不移动死者又不使人发掘死者的坟墓,最好是让发掘者无利可图,这就叫做大闭。

古代的人有葬于深山旷野之中而得到平安的,这不是说有珠玉国宝在起作用,而是藏的作用,所以说葬不可不深藏。葬浅了狐狸就会扒出尸体,葬深了就会碰到地下泉水。因此凡是葬地一定选在高丘之上,以避免狐狸的发掘之害和水泉的潮湿。这样做虽好,但却忘记了歹徒、盗贼、匪寇的祸害,岂不是糊涂吗?这如同盲师乐怕碰到柱子,躲开了柱子却用力撞到了木橛子上。歹徒、盗贼、匪寇的祸害,就如同撞上了又尖又大的木橛子啊!慈祥的父母、孝顺的儿子能够避开这些祸害,就算懂得葬的本义了。

修棺置椁,是用来避免蝼蚁蛇虫之害的。如今社会风气混乱不堪,君主治丧越来越奢侈,他们心中不是为死者考虑,而是活着的人以奢侈互相夸耀。他们以奢侈浪费为荣，把俭省节约的人视为鄙薄，不把方便死者当成一回事，而只是把活着的人的毁誉看作要务。这就不是慈亲孝子的心了。父亲虽然死了，孝子对父亲的尊重不会衰减；儿子虽然死了，慈亲对儿子的疼爱不会消失，埋葬所尊重所疼爱的人，却用活着的人很想得到的东西陪葬，他们想用这些东西使死者安宁，像这种做法将会怎样呢？

百姓对于利，哪怕冒着飞箭、踩着利刃、拼命流血也要追求它，不知礼义的野人，宁可忍心不顾父母、兄弟、朋友的情分而去追求利。如今偷坟劫墓不用冒拼命流血的危险，也没有忍心不顾父母、兄弟、朋友的耻辱，他们得到的实利很丰厚，可以乘车吃肉，其利可传给子孙，虽有圣人也不能禁止，更何况如今又是乱世呢？

国越大，家越富，葬物就越丰厚。死者口含的珍珠，身穿的玉衣，珍玩宝货，钟鼎壶鑑，车马衣被，金戈宝剑等，不可胜数。各种养生的物件，没有不随葬的，用厚木累积而成的墓室，放着几层的棺椁，堆积石头木炭，环绕在棺椁之外。坏人闻知此事，互相传告。上司虽然用严刑重罪来禁止他们盗墓，仍然禁止不住。而且死者死去的时间越长，他们的子孙对他就越加疏远，子孙对他越疏远，守墓人就越懈怠；守墓人越来越懈怠了，而陪葬物品却依然那么多，这种形势自然就不安全了。

世俗之人举行葬礼，用大车载着棺柩，打着各种旗帜，灵车上盖着如云的饰物，手持众多的羽毛制成的伞随柩车严整而行，棺柩之上点缀着珠玉，棺椁上涂饰上黑白相间、黑青相间的花纹，上万的人在灵车左右执绋送葬牵引灵车前进，这要以军法指挥送葬行列方会不乱，以这种排场让世人观看，既美观，又奢侈，但用这种葬礼为死者求安宁，却是不行的。如果这样做真有利于死者，那么即便使国家贫穷、人民劳苦，慈亲孝子也在所不惜。

去　　尤

本篇选自《有始览第一》,“去尤”的含义各家说法不同,我们用许维遹之说,“尤”即有所拘蔽。从文章所举事例看,有的旨在反对偏听偏信,有的是反对主观片面性,有的是讽刺因偏爱而致美丑不分,有的是论述外有所重则内有所拙的道理。文章把造成认识主观片面的根源归结为存私欲、重外物,从认识论上看有一定道理。

篇末提出老子因主张“无为”故无所尤,是不对的。老子在认识上同样存在着局限性。

此篇与《去宥》同旨,乃一家之言。《庄子·天下》云:“宋钘、尹文……接万物以别宥为始。”可作此篇与宋尹学派有关之佐证。

世之听者，多有所尤[①]。多有所尤，则听必悖矣。所以尤者多故，其要必因人所喜，与因人所恶。东面望者不见西墙，南乡视者不睹北方，意有所在也。

人有亡鈇者[②]，意其邻之子。视其行步，窃鈇也；颜色，窃鈇也；言语，窃鈇也，动作态度，无为而不窃鈇也。抇其谷而得其鈇[③]，他日，复见其邻之子，动作态度，无似窃鈇者。其邻之子非变也，己则变矣。变也者无他，有所尤也。

邾之故法[④]，为甲裳以帛[⑤]。公息忌谓邾君曰[⑥]：“不若以组[⑦]。凡甲之所以为固者，以满窍也[⑧]。今窍满矣，而任力者半耳。且组则不然，窍满则尽任力矣。”邾君以为然，曰：“将何所以得组也？”公息忌对曰：“上用之则民为之矣。”邾君曰：“善。”下令，令官为甲必以组。公息忌知说之行也，因令其家皆为组。人有伤之者曰[⑨]：“公息忌之所以欲用组者，其家多为组也。”邾君不说，于是复

① 尤：通“囿”，蒙蔽、局限。 ② 鈇（fū 夫）：斧子。 ③ 抇（hú 胡）：掘。谷：沟，坑。 ④ 邾（zhū 朱）：古国名，曹姓，为楚所灭，故地在今山东邹城境。 ⑤ 甲：战衣。裳：下衣。帛：丝织品。 ⑥ 公息忌：人名。 ⑦ 组：丝带。 ⑧ 窍：孔。 ⑨ 伤：诋毁。

下令，令官为甲无以组。此邾君之有所尤也。为甲以组而便，公息忌虽多为组，何伤也？以组不便，公息忌虽无为组，亦何益也？为组与不为组，不足以累公息忌之说，用组之心，不可不察也。

鲁有恶者①，其父出而见商咄②，反而告其邻曰：“商咄不若吾子也。”且其子至恶也，商咄至美也。彼以至美不如至恶，尤乎爱也。故知美之恶，知恶之美，然后能知美恶矣③。《庄子》曰：“以瓦投者翔④，以钩投者战⑤，以黄金投者殆⑥。其祥一也⑦，而有所殆者，必外有所重者也。外有所重者，泄盖内掘⑧。”鲁人可谓外有重矣。解在乎齐人之欲得金也⑨，及秦墨者之相妒也⑩，皆有所乎

---

① 恶：此指长相丑陋。 ② 商咄：人名，以美出名。 ③ 引文见《庄子·达生》篇，文字略有出入。 ④ 瓦：纺锤，多为陶制。投：当为“投”（tóu 投）之误字，以玉投于赌盘中为赌注谓之投，引申为凡投掷物皆谓之投。（依陈奇猷说）翔：安详。 ⑤ 战：战慄，担心。 ⑥ 殆：危险。引申为极度紧张。 ⑦ 祥：善，指赌技之善。 ⑧ 泄：这里指狎弄，指赌博而言。（依陈奇猷说）掘：通“拙”。 ⑨ 解：解说，答案。齐人欲得金事，见《吕氏春秋·去宥》篇：齐人有欲得金者，清晨到卖金人的住所，见金而夺之。官吏抓住他审问：为什么当着人面拿人家的金子，他回答说：“我只看到了金子，没看见人。” ⑩ 秦墨者：指唐姑果，东方墨者谢子西入秦将说秦惠王，唐姑果出于嫉妒，说谢子的坏话，秦王偏听偏信，遂疏远了谢子。事见《去宥》篇。

尤也。

老聃则得之矣，若植木而立乎独①，必不合于俗，则何可扩矣②。

【翻译】

世上听取别人言论的人，大多有所局限。因为大多有这种局限，所以听后的印象往往是谬误的，造成这种局限的原因是多种多样的，但其要害必然在于人有所喜和有所恶，面向西望的人看不见东边的墙，向南方看的人看不到北方。这是因为他的心意只专注于一方啊。

有一个丢失了斧子的人，心中怀疑是邻居的儿子偷的，观察怀疑对象走路的样子，像是偷斧子的；看他的脸色，像是偷斧子的；听他的言谈话语，像是偷斧子的；看他的动作态度，没有一样不是像偷斧的。此人待挖坑时找到了他的斧子。以后看到邻居的儿子，再看他的举止神态，没有一点像偷斧子的样子。他邻居的儿子没有变化，他自己却改变了。他改变的原因没有别的，是因为原来就有所局限啊。

郑国的旧法，用帛来连缀战衣的甲片。公息忌对郑国的君主说："不如改用丝绳来连缀战衣的甲片。大凡

---

① 植木：直立的木头。 ② 扩：扩充。

甲之所以坚固的原因,是因为甲的缝隙都塞满了。如今缝隙用帛塞满,只能承受所应承受力量的一半。而用丝绳连缀就不是这样了,缝隙塞满就可承受应当承受的全部力量了。”郑君认为他说的对,问他说:“将从何处得到丝绳呢?”公息忌回答说:“君主要用它,百姓就会制造它了。”郑君说:“好。”下了命令,命令官吏连缀战衣的甲片一定用丝绳。公息忌知道自己的主张将被实行了,于是让他的家人都制作丝绳。有诋毁他的人说:“公息忌所以想用丝绳,是因为他家制造了许多丝绳。”郑君听说后很不高兴,于是又下命令,要官吏制造战衣不用丝绳,这是郑君有所局限啊。制甲用丝绳连缀如有好处,公息忌即使大量制造丝绳,又有什么害处呢?用丝绳连缀甲片如果没有好处,公息忌即使没有制造丝绳,又有什么益处呢?公息忌制造丝绳与不制造丝绳,都不足以影响他所提出的主张,使用丝绳的本意,不能不考察清楚啊。

鲁国有个长得很丑的人,他的父亲出门看见美男子商咄,回来告诉他的邻居说:“商咄不如我儿子漂亮。”然而他的儿子是极丑的,商咄是极美的,他自认为最美的长得不如最丑的,这是局限于自己的偏爱。所以,知道漂亮可以被人认为丑,知道丑可以被人认为漂亮,然后才能区分美与丑。《庄子》说:“用纺锤作赌注的人内心安详,用衣钩作赌注的人心里发慌,用黄金作赌注的人则因极度紧张而几乎昏厥。他们的赌技熟练程度没有变化，而其所以感到紧张害怕的原因，一定是受外物贵重程度影响的结果。因为外有所重之物，所以赌技就见拙了。”那个鲁国人可以说是外有所重的人。如要解释齐人为何想到金便当面抢人家的金子，秦国的墨家为什么嫉妒外来的墨家，这都是因为他们有所局限啊。老子没有这种局限，他像一根直立的木头一样独立于世，必然不与流俗相合，这样还有什么能使其受影响呢。

听　　言

本篇选自《有始览第一》，所谓"听言"就是听取别人的言论要认真考察，分辨善恶是非，君主要想称王天下，必须做到这一点。而要做到这一点，根本之点在于爱民利民，法前代圣王。本文主张听言还要与办实事结合起来，既主张"言为事先"，又主张"不知事，恶能听言"，"不知情，恶能当言"。最后指出：必须"有所习其心，然后能听说"，"不习其心"，也要"习之于学问"，强调了学习对"听言"的重要性。

此篇与《去尤》篇之意相近，所言非攻、爱利，乃墨家家法，篇中言国夺人利以盛欢，轻用民以行忿等，则乃墨子别派料子、宋钘、尹文之言。

听言不可不察，不察则善不善不分。善不善不分，乱莫大焉。三代分善不善，故王。今天下弥衰，圣王之道废绝。世主多盛其欢乐，大其钟鼓，侈其台榭苑囿，以夺人财；轻用民死，以行其忿①。老弱冻馁，夭膌壮狡②，汽尽穷屈③，加以死虏。攻无罪之国以索地，诛不辜之民以求利，而欲宗庙之安也，社稷之不危也，不亦难乎？

今人曰："某氏多货，其室培湿④，守狗死，其势可穴也。"则必非之矣。曰："某国饥，其城郭庳⑤，其守具寡，可袭而篡之。"则不非之。乃不知类矣⑥。

《周书》曰⑦："往者不可及，来者不可待，贤明其世，谓之天子。"故当今之世，有能分善不善者，其王不难矣。善不善本于义，不于爱⑧。爱利之为道大矣。夫流于海者，行之旬月，见似人者而喜矣。及其期年也，见其所尝见物于中国者而喜矣。夫去人滋久，而思人滋深欤！乱世之民，其去圣王亦久矣。其愿见之，日夜无间。故贤

---

① 忿：同"愤"。 ② 夭膌壮狡：使丁壮早死或遭灾病。膌，同"瘠"，灾，病。狡，同"佼"，壮狡即丁壮。 ③ 汽（qì 气）尽：几近。穷屈：穷困无措，走投无路。 ④ 培：屋的后墙。此句言室的后墙潮湿易凿。 ⑤ 城郭：本指内外城，此指城墙。庳（bēi 卑）：低矮。 ⑥ 知类：指知事义之类比。 ⑦《周书》：古逸书。 ⑧ 本于义，不于爱：文字有讹，应作"本于利，本于爱"。（依许维遹说）

王秀士之欲忧黔首者，不可不务也。

功先名，事先功，言先事。不知事，恶能听言？不知情，恶能当言？其与人谷言也①，其有辩乎，其无辩乎？

造父始习于大豆②，蠭门始习于甘蝇③，御大豆，射甘蝇，而不徙人以为性者也④。不徙之，所以致远追急也，所以除害禁暴也。凡人亦必有所习其心，然后能听说。不习其心，习之于学问。不学而能听说者，古今无有也。解在乎白圭之非惠子也⑤，公孙龙之说燕昭王以偃兵及应空洛之遇也⑥，孔穿之议公孙龙⑦，翟翦之难惠

---

① 人：当作“夫”。谷（繁体作“穀”）言：当为彀音之误（依陶鸿庆说），即初生小鸟的叫声。 ② 造父、大豆：古代善驾车的人。 ③ 蠭（pēng 朋）门、甘蝇：古代善于射箭的人。“蠭门”一作“逢蒙”。 ④ 人：当为“之”字。（依王念孙说） ⑤ 白圭：名丹，魏人。惠子：即惠施，宋人，庄子的朋友，曾仕魏。他们二人初次见面即互相辩论，非难，详见《吕氏春秋·不屈》篇。 ⑥ 公孙龙：魏人，名家代表人物。燕昭王：战国时燕国君主，名平，以筑黄金台招贤著名。偃：止息。公孙龙说燕昭王偃兵之事，见《吕氏春秋·应言》篇。空洛之遇：指在空洛这个地方秦国与赵国的一次会盟。这次会盟，订立了一个盟约：“秦之所欲为，赵助之；赵之所欲为，秦助之。”后秦攻魏，赵欲救魏，秦责赵负约。公孙龙认为，秦王不助赵救魏，也是背约。详见本书《淫辞》篇。 ⑦ 孔穿：字子高，孔子的后代，孔穿在平原君处议论公孙龙事，见《淫辞》篇。

子之法①。此四士者之议，皆多故矣，不可不独论。

【翻译】

听到别人的言论不可不考察。不考察，就不能分辨好坏。好坏不分，祸乱没有比这更大的了。夏、商、周三代能分辨好坏，所以能称王天下。如今天下世道日益衰败，圣王之道已经被废弃灭绝，当世的君主多大肆寻欢作乐，把钟鼓等乐器造得很大，把台榭园林修得很奢侈，因而夺取了人民的人力和财力；轻易地让人民去送命，以此来发泄自己的愤怒。年老体弱的人受冻挨饿，强壮的人被弄得夭折瘦弱，几乎都陷入穷困无措的境地，又把死囚和俘虏的待遇加在他们身上。攻打没有罪的国家向他们索取土地，杀死无辜的人民以求一己的私利，这样做还想让宗庙平安，让国家不危险，不是很困难吗？

现在如有人说："某某家有很多财物，他家房屋的后墙潮湿了，看家狗死了，这是挖墙穿穴行窃的好时机。"那么这个人就会遭到非议。如有人说："某个国家陷于饥饿，它的城墙低矮，它的防守器具很少，可以乘机袭击并夺取它。"对这个人却不加非议，这就是不知道事义类

---

① 翟翦：魏国人。惠施为魏惠王制订法令，翟翦认为此法"善而不可行"。详见《淫辞》篇。

比的道理啊。

《周书》中说："过去的事不可追回，未来的事不可等待，能使世道贤明的，就叫做天子。"所以在今天的人世上，有人能分辨好坏善恶，称王天下就不难了。好与不好的根本在于利，在于爱。利和爱作为原则的作用是很大的。在海上漂泊的人，漂泊了十天、一月，看到像人的东西就很高兴了，等到他漂泊一年了，看到他曾在中原之国看过的东西就很高兴，这就是离开人越久，对人的思念就越厉害吧！乱世的人民，他们离开圣王的时代已经很久了，他们想见到圣王的愿望，日夜不会间断，所以那些想为百姓忧虑的贤明君王和优秀人士，不可不在这方面努力啊。

功绩先于名声，作事先于功绩，言论先于作事。不了解作事的实际，怎能听取言论呢？不了解作事内情，怎能使言论正巧合于事呢？这种不知情的不当言论，与那初出生的幼鸟叫声，是有区别呢？还是没有区别呢？

造父最初向大豆学习的时候，蠭门最初向甘蝇学习的时候，造父曾为大豆驾车以习进退，蠭门曾射甘蝇以习射技，专学大豆、甘蝇之法而不移易并以此养成习惯。因专心学师而不移，所以造父驾车可以远行快跑，蠭门的射术可以除害禁乱。大凡一个人也要心中学有专攻，然后才能正确地听取别人的言论。不在内心学有专攻，也要研究一般的学问,不学习而能听取别人言论的人,从古至今是没有的。这个问题的解答详见白圭如何非难惠施,公孙龙为消除战争如何劝说燕昭王以及如何对付秦、赵的空洛盟约,孔穿如何非议公孙龙,翟翦如何责难惠子制订的法令等记述。这四个人的议论,都是持之有故的,不可不反复学习辨别。

本　味

本篇选自《孝行览第二》，文章的主要部分是伊尹以至味说汤，说明的道理是要想致天下之至味必先务本，立功名的根本在于得贤，得贤必须知贤、礼贤。成为天子之后才能享受天下的美味，但要成为天子，首先要“知道”，“已成则天子成，天子成然后至味具”。最后仍然回到文章开头所说的务本上来。文中引用的伯牙与钟子期高山流水遇知音的故事，是千古传颂的佳话，说明的道理是“知贤”。本篇出自小说家伊子一派，伊尹说至味时，征引了不少神话传说，文辞恢闳诡谲，对后代辞赋盛陈天子苑囿中的珍怪异物，有一定影响。

《汉书·艺文志》道家著录《伊尹》五十一篇，而于小说家又著录《伊尹说》二十七篇。《史记·殷本纪》亦以两说并存，此篇所述则属小说家《伊尹说》中所谓负鼎俎以滋味说汤之事。而前《贵公》及《先己》、《论人》等篇则属道家伊尹之言。

求之其本，经旬必得；求之其末，劳而无功。功名之立，由事之本也，得贤之化也。非贤，其孰知乎事化？故曰其本在得贤。

有侁氏女子采桑①，得婴儿于空桑之中，献之其君。其君令烰人养之②，察其所以然。曰："其母居伊水之上③，孕，梦有神告之曰：'臼出水而东走④，毋顾！'明日，视臼出水，告其邻，东走十里而顾，其邑尽为水，身因化为空桑。故命之曰伊尹。"此伊尹生空桑之故也。长而贤。汤闻伊尹，使人请之有侁氏，有侁氏不可。伊尹亦欲归汤，汤于是请取妇为婚。有侁氏喜，以伊尹媵女⑤。

---

① 有侁（shēn 申）氏：即有莘氏，古部落名。 ② 烰（fú 服）人：即庖人，厨师。 ③ 伊水：即伊河，源于河南卢氏县东南，流入洛河。 ④ 臼：舂米的器具，多用石做成。 ⑤ 媵（yìng 硬）女："媵"用作动词，做陪嫁臣仆。

故贤主之求有道之士，无不以也；有道之士求贤主，无不行也；相得然后乐。不谋而亲，不约而信，相为殚智竭力，犯危行苦，志欢乐之。此功名所以大成也。固不独，士有孤而自恃，人主有奋而好独者①，则名号必废熄，社稷必危殆。故黄帝立四面②，尧、舜得伯阳、续耳然后成③。

凡贤人之德，有以知之也。伯牙鼓琴，钟子期听之。方鼓琴而志在太山，钟子期曰："善哉乎鼓琴！巍巍乎若太山。"少选之间，而志在流水，钟子期又曰："善哉乎鼓琴！汤汤乎若流水。"钟子期死，伯牙破琴绝弦，终身不复鼓琴，以为世无足复为鼓琴者。非独琴若此也，贤者亦然。虽有贤者，而无礼以接之，贤奚由尽忠？犹御之不善，骥不自千里也。

汤得伊尹，祓之于庙④，爝以爟火⑤，衅以牺猳⑥。明日，设朝而见之。说汤以至味，汤曰："可对而为乎⑦？"对

---

① 奋：矜，自负。 ② 立四面：使人四面出求贤人，得之立为辅佐。 ③ 伯阳、续耳：舜七友中的二友，皆贤人。"尧"字当为衍文。（依陈奇猷说） ④ 祓（fú 服）：古代除灾祈福的仪式。 ⑤ 爝（juē 决）：芦苇捆成的火把，燃之以除去不详。爟（guàn 贯）火：祓除不祥的火。 ⑥ 衅（xìn 信）：以牺牲之血涂祭器。猳（jiā 家）：纯色雄猪。 ⑦ 可对而为乎：当作"可得而为乎"。（依毕沅说）

曰:"君之国小,不足以具之,为天子然后可具。夫三群之虫①,水居者腥,肉玃者臊②,草食者膻。臭恶犹美,皆有所以。凡味之本,水最为始。五味三材,九沸九变,火为之纪。时疾时徐,灭腥去臊除膻,必以其胜,无失其理。调和之事,必以甘酸苦辛咸,先后多少,其齐甚微,皆有自起。鼎中之变,精妙微纤,口弗能言,志弗能喻,若射御之微,阴阳之化,四时之数。故久而不弊,熟而不烂,甘而不哝③,酸而不酷,咸而不减,辛而不烈,澹而不薄,肥而不膑④。肉之美者:猩猩之唇,獾獾之炙⑤,隽觾之翠⑥,述荡之掔⑦,旄象之约⑧,流沙之西⑨,丹山之南⑩,有凤之丸⑪,沃民所食⑫。鱼之美者:洞庭之鱄⑬,东海之鲕⑭,醴水之鱼⑮,名曰朱鳖⑯,六足、有珠⑰、百

① 三群之虫:指下文的水居、肉食、草食三类动物。 ② 玃(jué 决):同"攫",以手搏取。 ③ 哝:当作"嬛"(yuàn 怨),足,厚。(依毕沅说) ④ 膑:字书无此字。据文意当即腻意。 ⑤ 獾獾(guàn guàn 贯贯):鸟名,其鸟形不详,炙:同"跖",掌。 ⑥ 隽觾:当作"巂燕",鸟名。翠:鸟尾肉。 ⑦ 述荡:兽名。掔:通"腕"。 ⑧ 旄:旄牛。约:指短尾巴。 ⑨ 流沙:古地名,在敦煌西。 ⑩ 丹山:古地名,在南方。 ⑪ 丸:卵。 ⑫ 沃民:国名,在西方。 ⑬ 鱄(zhuān 专):鱼名。 ⑭ 鲕(ér 而):鱼名。 ⑮ 醴水:水名,在湖南省,流入洞庭湖。 ⑯ 朱鳖:红色的甲鱼。 ⑰ 有珠:指体内含珠。

碧[1]。藋水之鱼[2]，名曰鳐[3]，其状若鲤而有翼，常从西海夜飞，游于东海。菜之美者：昆仑之苹[4]，寿木之华[5]，指姑之东[6]，中容之国[7]，有赤木玄木之叶焉[8]。余瞀之南[9]，南极之崖，有菜，其名曰嘉树，其色若碧。阳华之芸[10]，云梦之芹，具区之菁[11]，浸渊之草[12]，名曰土英。和之美者：阳樸之姜[13]，招摇之桂[14]，越骆之菌[15]，鳣鲔之醢[16]，大夏之盐[17]，宰揭之露[18]，其色如玉，长泽之卵[19]。饭之美者：玄山之禾[20]，不周之粟[21]，阳山之穄[22]，南海之秬[23]。水之美者：三危之露[24]，昆仑之井，沮江之丘[25]，名

---

① 百碧：疑为"青碧"之误。 ② 藋水：古水名，《山海经·西山经》作"观水"，在西方。 ③ 鳐（yáo 摇）：鱼名。 ④ 苹：水生野菜。 ⑤ 寿木：树名，传说食其果可以长生。 ⑥ 指姑：即姑余，山名，在东南方。 ⑦ 中容：中国名，见《山海经·大荒东经》，在东方。 ⑧ 赤木玄木：传说食此树之叶，可成仙。 ⑨ 余瞀（mào 冒）：古山名，在南方。 ⑩ 阳华：即华阳。（依高诱说）芸：芳菜，产吴、越。 ⑪ 具区：泽名，在吴、越间。菁：菜名。 ⑫ 浸渊：深渊。 ⑬ 阳樸：地名，在蜀。 ⑭ 招摇：山名，在桂阳。 ⑮ 越骆：当作"骆越"，国名。菌：竹笋。 ⑯ 鳣（zhān 沾）：即鲟鳇鱼。鲔（wěi 委）：鲟鱼。醢（hǎi 海）：肉酱。 ⑰ 大夏：古泽名。 ⑱ 宰揭：古山名。 ⑲ 长泽：大泽，在西方。 ⑳ 玄山：古山名。 ㉑ 不周：山名，在西北方，见《山海经·西山经》。 ㉒ 阳山：山南曰阳，在昆仑之南。穄（jì 祭）：禾属，即稷子，似黍而不粘。 ㉓ 秬（jù 巨）：黑黍。 ㉔ 三危：西极山名。 ㉕ 沮江：水名。

曰摇水①，曰山之水②，高泉之山③，其上有涌泉焉，冀州之原。果之美者：沙棠之实④，常山之北⑤，投渊之上⑥，有百果焉，群帝所食。箕山之东⑦，青鸟之所⑧，有甘栌焉⑨。江浦之橘，云梦之柚，汉上石耳⑩，所以致之。马之美者⑪，青龙之匹⑫，遗风之乘⑬。非先为天子，不可得而具。天子不可强为，必先知道。道者止彼在己⑭，己成而天子成，天子成则至味具。故审近所以知远也，成己所以成人也。圣人之道要矣，岂越越多业哉⑮！"

【翻译】

做事情从根本上着手，经过十天半月必定有所收获；从细微末节着手，就会徒劳无功。功名的建立，要通

---

① 摇水：即瑶水，瑶浆。 ② 曰山：当作"白山"，即天山。 ③ 高泉：古山名，《山海经·中山经》作"高前"。 ④ 沙棠：木名，产昆仑山，黄华赤实，其味如李而无核，见《山海经·西山经》。 ⑤ 常山：即恒山，因避汉文帝和宋真宗讳而改为常山。 ⑥ 投渊：渊名，其处不详。 ⑦ 箕山：山名，在今河南登封东南。 ⑧ 青鸟之所：青鸟所居之地，神话传说青鸟为西王母的使者。 ⑨ 甘栌：疑为"甘楂"之误。 ⑩ 石耳：菜名，可入药。 ⑪ 马之美者："马之美"三字当为衍文，"者"字属上句。 ⑫ 青龙：骏马名。 ⑬ 遗风：骏马名。 ⑭ 止彼：止，即之，往。 ⑮ 越越：犹"搰搰"。《庄子·天地篇》："搰搰然用力甚多而见功寡。"据此则知"搰搰"为用力的样子。(用王念孙说)业：事。

过抓事物的根本，得到贤人的教化啊。不是贤人，谁能懂得事情变化之理呢？所以说建立功名的根本在于求得贤人。

有侁氏的女子采摘桑叶，在中空的桑树中捡到一个婴儿，把他献给了自己的君主。君主让厨师哺育这个婴儿，并让他去考察婴儿被弃的底细。厨师向君主报告说："婴儿的母亲住在伊水旁边，怀孕后，梦见神人告诉她说：'看到臼中出水便向东走，不要回头看！'明日，看到臼中出水，将梦中之事告诉她的邻居，向东走了十里再回头一看，她原来居住的村庄已完全被水淹没，她的身体于是变成了一棵中空的桑树，因此给这个婴儿起名叫伊尹。"这是伊尹出生于空桑之中的缘故。伊尹长大了就很贤明，汤王听说伊尹的贤明，派人向有侁氏求伊尹，有侁氏不同意。伊尹也想归依汤王。汤王于是请求娶有侁氏之女以结婚姻。有侁氏很高兴，将伊尹作为陪嫁臣仆。所以说贤明的君主为了求取有道之士，是没有什么办法不可使用的啊。有道之士为了求归贤主，没有什么事不可做的。君臣遇合然后彼此高兴。他们没有什么预谋但彼此感到亲近，没有什么盟约但彼此互相信任，彼此共同尽心竭力，虽冒着危险经受着劳苦，内心却乐于这样做。这是功名取得圆满成功的原因。贤主和有道之士本来就不是孤立的，士如果孤独而傲慢，君主如果自负而喜欢独断专行，那么他们的名声必定要毁灭，国家必定处于危险的境地。所以黄帝派人求四方的贤人而立为辅佐，大舜得到贤人伯阳、续耳然后大功告成。

大凡贤人的品德，是有办法可以了解的。伯牙弹琴，钟子期听他弹奏。当伯牙弹琴时表现出巍巍太山的志向，钟子期说："琴弹得好啊！像太山巍然而立。"过了一会，琴声弹出了流水激荡的境界，钟子期又说："琴弹得好啊！像激荡的流水一样。"钟子期死后，伯牙毁琴断弦，终生不再弹琴，认为世上已没有欣赏其弹琴的知音了。不仅弹琴如此，贤德之人也是如此。世上虽有贤者，而君主不能以礼待之，贤者从哪里尽忠呢？这如同驾车人的技术很差，千里马不能自己日行千里一样呀。

汤王得到了伊尹，在宗庙中举行除灾祈福的仪式，点燃芦苇火把以消除不祥，宰杀作为祭品的雄猪将猪血涂在祭器上。次日，在朝廷召集大臣并召见伊尹。伊尹向汤王讲述美味，汤王说："可以获得并制作这些美味吗？"伊尹回答说："君王您的国家太小，不足以备办这些美味，做了天子之后才行。三类动物，水族动物味腥，肉食动物味臊，草食动物味膻。气味不好的还可使它变好，这些都各有一套办法。大凡调味的根本，水是最当先的。五种味道、三种材料，多次煮沸多次变化，用火是关键。有时用快火有时用慢火，要除掉腥味、臊味、膻味，一定要以火候取胜，其中道理不可有丝毫爽失。调和味道的事，必定要靠甜酸苦辣咸五味，先放什么后放什么，放多放少，调料的剂量很小，都有各自的用量。鼎中之物的变化，精妙细微，嘴里说不出，心里道不明，就如同射技御技的精微，阴阳二气的变化，如春生夏长秋收冬藏一样。所以烹调食品能久煮而不煮坏，透熟但不过烂，甜但不过分，酸而不过度，咸而不减原味，辣又不太浓烈，清淡但又不是无味，肥但又不腻人。肉中的美味有：猩猩的嘴唇，灌灌鸟的脚爪，嶲燕鸟的尾肉，野兽述荡的肘子，旄牛大象的尾巴，流沙之西、丹山之南，为沃国之民所食用的凤凰蛋。鱼中的美味有：洞庭湖的鱄鱼；东海的鲕鱼；醴水所产的红色甲鱼，长着六条腿，内有珍珠，颜色呈青碧色；萑水产的鳐鱼，它的形状像鲤鱼但长着翅膀，常常从西海在夜间飞游到东海之中。菜中的美味有：昆仑山的苹菜，寿木的果实，指姑山的东边中容国所产赤木玄木的树叶。余瞀山的南边、南极的边上生长的一种菜，名叫嘉树，它的颜色像碧玉一样。还有华阳的芸菜，云梦泽的芹菜，具区泽的菁菜，浸渊的草，名叫土英。调料中的佳品有：蜀地阳樸的姜、招摇山的桂皮，骆越国的竹笋，鲟鳇鱼和鲟鱼做的肉酱，大夏泽出产的盐，宰揭山上的露水，它的颜色像玉一样晶莹。还有长泽产的鸟蛋。粮食中的美味有:玄山的稻谷,不周山的小米,阳山的稷子,南海的黑黍。水中的佳品有:三危山的露水,昆仑山的井泉水,沮江边山丘上出产的瑶浆,高泉山上的涌泉,它是冀州之水的源头。水果中的美味有:沙棠的果实,恒山之北、投渊之上所产的百果,这是先帝们所享用的果实。还有箕山的东面,青鸟所居之处的甜山楂,长江边上的桔子,云梦泽的柚子,汉水所产的石耳。要使这些美味从四面八方而来,需要用青龙、遗风之类的骏马,如非先为天子的话,是不能备办齐全的。天子之位不能强取,必须先懂得道义,素王之道要用于天下万物而存于自身之中,自己具备了素王之道就能成为天子,能成为天子,天下的美味就可齐备了。所以说审察近的就可了解远的,自己道成就能以道成就他人了,圣人之道是简约的,难道用得着用力去做许多事情吗?"

义　　赏

本篇选自《孝行览第二》。“义赏”即按义而行赏赐。文章指出赏罚是君主役使臣民的手段，赏罚的当否，是关系到教化能否成功的大事，不可不慎重对待。文章主张赏罚要有原则，这个原则就是义。以晋文公在论功行赏时先雍季而后咎犯为例，说明行赏要从百世之利着眼，而不要从一时之务着眼，对因诈取胜，流露出一定程度的轻视。又以赵襄子重赏高赦为例，强调高赦不失君臣之礼的方面，这两个事例都是重礼义而轻功利的，故而得到孔子的赞赏，其指导思想属于儒家一派。

春气至则草木产，秋气至则草木落。产与落，或使之[①]，非自然也。故使之者至，物无不为；使之者不至，物无可为。古之人审其所以使，故物莫不为用。

赏罚之柄[②]，此上之所以使也。其所以加者义，则忠信亲爱之道彰。久彰而愈长，民之安之若性，此之谓教成。教成，则虽有厚赏严威弗能禁。故善教者，不以赏罚而教成[③]，教成而赏罚弗能禁。用赏罚不当亦然。奸伪贼乱贪戾之道兴，久兴而不息，民之雠之若性。戎夷胡貉巴越之民是以[④]，虽有厚赏严罚弗能禁。郢人之以两版垣也[⑤]，吴起变之而见恶，赏罚易而民安乐。氐羌之民[⑥]，其虏也[⑦]，不忧其系累[⑧]，而忧其死不焚也。皆成乎邪也。故赏罚之所加，不可不慎。且成而贼民[⑨]。

昔晋文公将与楚人战于城濮[⑩]，召咎犯而问曰[⑪]：“楚众我寡，奈何而可？”咎犯对曰：“臣闻繁礼之君，不足

---

① 或使之：有某种东西使它这样。 ② 柄：指权柄。 ③ 不以赏罚而教成：当作“义以赏罚而教成”。（依陶鸿庆说） ④ 戎夷胡貉（mò 末）巴越：指古代各少数民族。是：指示代词，等于说“是这样”。以：通“矣”。 ⑤ 两版：指用两版夹土。垣：墙。 ⑥ 氐羌之民：古代少数民族。氐即西戎。羌，西部民族之一。 ⑦ 虏：此指被俘虏。 ⑧ 系累：被囚禁捆绑。 ⑨ 且成而贼民：此句当在“故赏罚之所加”句上。（依陈奇猷说） ⑩ 城濮：春秋卫地名，在今河南省范县南。 ⑪ 咎犯：狐偃，字子犯，为晋文公之舅。辅佐晋文公登上国君之位。

于文；繁战之君，不足于诈。君亦诈之而已。”文公以咎犯言告雍季[①]，雍季曰：“竭泽而渔，岂不获得？而明年无鱼。焚薮而田[②]，岂不获得？而明年无兽。诈伪之道，虽今偷可[③]，后将无复[④]，非长术也。”文公用咎犯之言，而败楚人于城濮。反而为赏[⑤]，雍季在上。左右谏曰：“城濮之功，咎犯之谋也。君用其言而赏后其身，或者不可乎！”文公曰：“雍季之言，百世之利也；咎犯之言，一时之务也。焉有以一时之务先百世之利者乎？”孔子闻之，曰：“临难用诈，足以却敌；反而尊贤，足以报德。文公虽不终，始足以霸矣。”赏重则民移之，民移之则成焉。成乎诈，其成毁，其胜败。天下胜者众矣，而霸者乃五，文公处其一，知胜之所成也。胜而不知胜之所成，与无胜同。秦胜于戎而败乎殽[⑥]；楚胜于诸夏而败乎柏举[⑦]。武王得之矣，故一胜而王天下。众诈盈国，不可以为安，

① 雍季：晋大夫。 ② 薮：水浅草茂的泽地。田：后来写作“畋”，打猎。 ③ 偷可：勉强可行，侥幸可以过得去。 ④ 无复：不可再重复，不可再行。 ⑤ 反：同“返”，返回。 ⑥ 秦胜于戎：指秦缪公用蹇叔之计，送女乐给西戎王，使戎王沉湎酒色之中，最后战胜了西戎。败乎殽：指秦缪公袭郑，回兵之时，晋襄公在殽（河南西部的殽山）乘机大败秦军。 ⑦ 楚胜于诸夏：指公元前 597 年楚国在邲打败晋国。诸夏：指中原地区的国家。败乎柏举：指楚昭王在柏举被吴国打败。

患非独外也。

赵襄子出围①，赏有功者五人，高赦为首②。张孟谈曰③："晋阳之中④，赦无大功，赏而为首，何也？"襄子曰："寡人之国危，社稷殆，身在忧约之中，与寡人交而不失君臣之礼者，惟赦。吾是以先之。"仲尼闻之⑤，曰："襄子可谓善赏矣！赏一人而天下之为人臣莫敢失礼。"为六军则不可易，北取代⑥，东迫齐⑦，令张孟谈逾城潜行，与魏桓、韩康期而击智伯⑧，断其头以为觞⑨，遂定三家⑩，岂非用赏罚当邪？

【翻译】

春天的节气到了草木就生长，秋天的节气到了草木

---

① 赵襄子出围：指赵襄子被智伯围于晋阳，后反乘机联合韩、魏二家灭智伯事。 ② 高赦：赵襄子的家臣。 ③ 张孟谈：赵襄子的家臣，当赵襄子晋阳被围时，他曾与韩、魏二家暗中联系。 ④ 晋阳之中：当作"晋阳之事"。（依许维遹说） ⑤ 仲尼闻之：赵襄子之事在孔子之后，孔鲋在《孔丛子·答问》中已辨其伪。 ⑥ 代：战国时国名，为赵襄子所灭，见《史记·赵世家》，其地在今河北蔚县一带。 ⑦ 迫：逼迫，威胁。 ⑧ 魏桓：即魏桓子，名驹。韩康：即韩康子，名虎。期：约定日期。 ⑨ 觞：酒器。据《史记·刺客列传》载：智伯死后，赵襄子曾"漆其头以为饮器"。 ⑩ 三家：指韩康子、赵襄子、魏桓子三家。

就凋零。生长与凋零，是节气使它如此，不是自己出现的。所以促使事物发生变化的因素一出现，万物没有不随之变化的；促使事物发生变化的因素不出现，万物就不能发生变化。古人能明察那些使事物变化的原因，所以万物没有不能被自己利用的。

赏罚的权柄，这是由君主所执掌的，施加赏罚符合道义，那么忠诚守信相亲相爱的原则就会彰明。这些原则长期得到彰明并日益发展，人民信守这些原则就像出自本性一样，这就叫做教化成功。教化成功了，即使有厚赏严刑也不能禁止人们去实行忠信亲爱之道。所以善于施行教化的人，根据道义施行赏罚，教化就能成功，教化成功了，施行赏罚也不能禁止人们去实行。施行赏罚不恰当也是这样。奸诈盗乱贪暴的邪道兴起，长期兴盛而不能止息，人民去干奸诈盗乱贪暴就像出自本性一样，戎夷胡貉巴越等族的人就是这样，虽然有厚赏重罚也不能禁止。郢人用两块木板夹土筑墙，吴起改变这种方法用四版筑墙便遭到怨恨，赏罚改变了，用四版夹墙也觉得安乐了。氐族羌族的人，被俘之后，不担心被囚禁捆绑，却担心死后不能被焚烧，这些都是因邪道而成了习惯，邪道成了习惯就会害民。所以施加赏罚，不能不小心谨慎啊！

从前晋文公要与楚国人在城濮作战，召来咎犯问道:“楚国兵多我国兵少,有什么办法可以取胜?”咎犯回答说:“我听说礼仪繁盛的君主,对于文饰礼仪从不感到满足;频繁作战的君主,对于诡诈之术从不感到满足,您也对楚国实行诈术就行了。”晋文公把咎犯的话告诉了雍季,雍季说:“把池塘的水弄干来捉鱼,难道不能获得鱼吗?可是明年就没有鱼了。把沼泽地的草木烧光来打猎,难道不能获得野兽吗!可是明年就没有野兽了。诈骗的方法,虽然今天看来还侥幸过得去,以后就不能再用了,这不是长久之计。”晋文公采纳了咎犯的意见,在城濮战败了楚国人。回来后论功行赏,雍季在咎犯之上。晋文公身边的人进谏说:“城濮之战的功劳,是因为用了咎犯的谋略,君主采纳他的谋略而论功行赏却把他放在后边,这或许不合适吧!”晋文公说:“雍季的话,可以百世获利;咎犯的话,不过是应付一时之急,哪有将一时之急务放在百世之利前面的道理呢?”孔子听说这件事说:“面临危难采用诈术,足可使敌兵退却;退敌回来尊崇贤人,足可报答贤人的恩德。晋文公虽然不能始终如一,却也可成为霸主啊。”赏赐重人民就以赏罚为转移,以赏罚为转移就能成功了。靠诈术成功,即便成功了但最终必定毁坏,它必定要转胜为败。天下取得胜利的人很多,而成就霸业的只有五个,晋文公是其中的一个,他知道胜利是如何取得的。胜利了却不知道胜利是如何造成的，这与没有取得胜利一样。秦国战胜了西戎但却在殽山打了败仗，楚国战胜了中原诸国但却在柏举打了败仗。周武王懂得这个道理，所以取得一次胜利便称王天下了。各种诈术充满国家，不可认为是安定的，因为祸患不单是来自外部啊。

赵襄子从晋阳的围困中出来以后，赏赐有功劳的五个人，高赦为第一。张孟谈说："晋阳解围之事，高赦并无大功，赏赐却为第一，这是为什么呢？"赵襄子说："我的国家和社稷遇到危险，我自身陷于忧患困窘之中，与我交往而不失君臣之礼的人，只有高赦，我因此将他放在首位。"孔子听到这件事说："赵襄子可称为善于赏赐的人，赏了一个人，而普天下为人臣的人再不敢失君臣之礼了。"赵襄子治理军队不轻易用赏罚，故能向北灭掉代国，向东威逼齐国，在晋阳之围中让张孟谈越过城墙偷偷跑出去，与魏桓子、韩康子约定日期共击智伯，杀死智伯用他的头颅骨制作酒器，于是形成三家分晋的局面，这难道不是因为赏罚得当吗！

察　　今

本篇选自《慎大览第三》,“察今”即明察现在的时势。本篇是针对“法先王”的主张而立论的,文章的中心论点是时代变了,法度也要随之而改变,认为先王之法“不可得而法”。这并非先王之法不好,而是因为古今时代情势不同。文中讲述了“刻舟求剑”等三则寓言故事,都是讽刺因循守旧不知变化的人。文章的观点与法家近似。因时变法的主张,在历史上是有进步意义的。

此篇所言正合《韩非子·五蠹》“事因于世而备适于事。世异则事异,事异则备变”之意,应属法家之言。

上胡不法先王之法？非不贤也，为其不可得而法。先王之法，经乎上世而来者也，人或益之，人或损之，胡可得而法？虽人弗损益，犹若不可得而法。东夏之命[①]，古今之法，言异而典殊[②]。故古之命多不通乎今之言者，今之法多不合乎古之法者。殊俗之民，有似于此。其所为欲同[③]，其所为异。口惽之命不愉[④]，若舟车衣冠滋味声色之不同。人以自是，反以相诽。天下之学者多辩，言利辞倒[⑤]，不求其实，务以相毁，以胜为故[⑥]。先王之法，胡可得而法？虽可得，犹若不可法。

凡先王之法，有要于时也[⑦]，时不与法俱至，法虽今而至，犹若不可法。故择先王之成法[⑧]，而法其所以为法。先王之所以为法者，何也？先王之所以为法者，人也，而己亦人也。故察己可以知人，察今则可以知古。古今一也，人与我同耳。有道之士，贵以近知远，以今知古，以益所见，知所不见。故审堂下之阴[⑨]，而知日月之行，阴阳之变；见瓶水之冰，而知天下之寒，鱼鳖之藏也；

① 东夏："东"为"夷"之误。（依谭戒甫说）命：名（后文"古之命"的"命"字与此同义）。 ② 典：典章制度。 ③ "所"字为衍文。（依陈奇猷说） ④ 口惽之命："惽"同"吻"。口吻之命指方言。不愉：不相晓谕，不同。 ⑤ 言利辞倒：犹巧言利辞。 ⑥ 故：事，等于说目的。 ⑦ 要：合。 ⑧ 择：通"释"，放弃，丢开。 ⑨ 阴：这里指日、月的影子。

尝一脟肉[①]，而知一镬之味[②]，一鼎之调。

荆人欲袭宋，使人先表澭水[③]。澭水暴益，荆人弗知，循表而夜涉，溺死者千有余人，军惊而坏都舍。向其先表之时可导也[④]，今水已变而益多矣，荆人尚犹循表而导之，此其所以败也。今世之主法先王之法也，有似于此。其时已与先王之法亏矣[⑤]，而曰"此先王之法也"，而法之以为治，岂不悲哉？

故治国无法则乱，守法而弗变则悖，悖乱不可以持国。世易时移，变法宜矣。譬之若良医，病万变，药亦万变。病变而药不变，向之寿民[⑥]，今为殇子矣[⑦]。故凡举事必循法以动，变法者因时而化，若此论则无过务矣[⑧]。夫不敢议法者，众庶也；以死守者[⑨]，有司也；因时变法者，贤主也。是故有天下七十一圣[⑩]，其法皆不同。非务相反也，时势异也。故曰良剑期乎断[⑪]，不间乎镆铘[⑫]；

---

① 脟(luán 峦)：通"脔"，切成的肉块。 ② 镬(huò 霍)：无足的鼎，古代煮肉器具。 ③ 表：做标记。澭水：古水名，在河南境内，河道今已不存。 ④ 向：从前。 ⑤ 亏：通"诡"，异，不同。(依王念孙说) ⑥ 寿民：长寿的人。 ⑦ 殇子：未成年而夭折的孩子。 ⑧ 过务：错事。 ⑨ 以死守者："守"下当脱一"法"字。(依毕沅说) ⑩ 有天下：当作有天下者。(依陈奇猷说) ⑪ 期：求。断：砍断东西。 ⑫ 镆铘(mò yé 莫爷)：一作"莫邪"，宝剑名。传说是干将所铸造。

良马期乎千里，不期乎骥骜[①]。夫成功名者，此先王之千里也。

楚人有涉江者，其剑自舟中坠于水，遽契其舟[②]，曰："是吾剑之所从坠。"舟止，从其所契者入水求之。舟已行矣，而剑不行，求剑若此，不亦惑乎？以此故法为其国，与此同。时已徙矣，而法不徙，以此为治，岂不难哉？

有过于江上者，见人方引婴儿而欲投之江中，婴儿啼。人问其故，曰："此其父善游。"其父虽善游，其子岂遽善游哉？此任物亦必悖矣[③]。荆国之为政，有似于此。

【翻译】

君主为什么不效法古代帝王的法度呢？这不是因为古代帝王的法度不好，是因为它不可能取来效法。古代帝王的法度，是经过前世而流传下来的，有的人把它增补了，有的人把它删削了，这怎么可以取来效法呢？即使人们没有对它增补、删削，还是不能取来效法。东夷和华夏对事物的命名和言辞不同，古代和现代的法度，因言语不同而典章制度也不一样。所以古代的名称与现在的叫法大多不相通，现在的法度与古代的法度大

① 骥骜(jì áo 冀敖)：都是千里马。 ② 遽：马上，忽然。契：刻。 ③ "此"字前脱一"以"字。任物：对待事物。

多不相合。不同风俗的人民，同这种情况相似。他们想要实现的欲望相似，但他们所办之事却不同。他们的方言口语也不同，这就如同舟、车、衣、冠、滋味、音乐、色彩的不同一样。人都以为自己的是对的，反过来又互相责难，天下有学问的人大都善于辩论，他们巧言利辞，不求实际，以互相攻击为事，以战胜对方为目的。古代帝王的法度，哪能取来效法呢？即便可以拿来，还是不能效法。

凡是古代帝王的法典，都是与时代相符合的，过去的时代不与过去的法典一起传至今天，法典虽然传至今天，还是不可效法。所以要舍弃先代帝王的已成法典，而效法他们制定法律的依据，先代帝王制定法律的依据是什么呢？他们制定法律的依据是人，而自己也是人呀，所以考察自己就可以知道别人，考察今天就可以了解古代，古与今是一样的，别人与自己是相同的。有道之人，贵在由近而知远，由今而知古，用增加见闻推知所不能见到的事物。所以察看屋前堂下的太阳和月亮的影子，就可知道日月运行的情况，阴阳变化的程度；看到瓶中之水变成冰，就可推知天下寒冷的程度与鱼鳖潜藏的情况；品尝鼎镬中的一块肉，便可知道一锅肉的味道，就可知道一鼎肉味道调和的情况。

楚国人想要袭击宋国，派人先把澭水的深度标记出来。其后澭水暴涨,楚国人不知道,仍然按标记在夜间涉水过河,被淹死的有一千多人,军队惊乱的状况就像城市里房屋倒塌一样。先时他们做标记的时候是可以循着标志过河的,如今河水已经发生变化涨了很多,楚国人仍然按标志渡河,这是他们失败的原因。如今世上主张效法古代帝王法度的人,与此种情况相似。他们所处的时代与古代帝王的法度都因变异而不同了,却说这是先王的法典呀,就该效法它。用这种方法治理国家,难道不感到可悲吗?

所以治理国家没有法度就混乱,固守先王之法而不变就会发生谬误,谬误与混乱是不能保持住国家的。时世变化了,变法是应该的。这就好比一个高明的医生,疫病千变万化,用药也应千变万化。疫病变化了而用药不变,原来可以长寿的人,如今就会变成短命的人了。所以凡是举办事体一定要按照法度来行动,变法的人要随着时代而变化,如果照这种说法去做就不会干错事了。那些不敢议论法度的是一般的老百姓,拼命维护法度的是官吏,顺从时世变法的是贤明的君主。因此,古代享有天下的七十一位圣君,他们的法度都不同。这不是务求与别人不同,而是时势不同了。所以说良剑不过求其砍东西利落,不一定期求莫邪剑。好马是要求它日行千里,不一定期求有千里马的名声。那些功成名就的人,就是古代帝王的“千里马”啊。

楚国有个渡江的人,他的佩剑从船上坠入江中,他马上在船上刻一个标记,说:“这是我的剑坠入水中的地方。”船停之后,他从所刻的标记处跳入水中寻求佩剑。船已航行了一段距离,而剑却没有移动,像这样来找剑,不是太荒谬了吗?用旧法来治理国家的人,与这个人一样。时代已经变了,而法度却不改变,用这种办法来治理国家,难道不困难吗?

有一个从江边经过的人,看见一个人正在拉着小孩想要把孩子扔到江中游泳,小孩哭叫着。有人问其原因,他说:“这个小孩的父亲善于游泳。”小孩的父亲虽然善于游泳,他的孩子难道马上就善于游泳吗?像这样来处理事物,也必然是荒谬的。楚国处理政事的情况,与这很相似。

察　微

本篇选自《先识览第四》,“察微”论述的是考察事物发展初期的细微之处,以便防微杜渐。文章指出:“治乱存亡,其始若秋毫,察其秋毫,则大物不过矣。”文章从正反两个方面举例说明这个问题。孔子对子夏的批评与对子路的赞成,是“见之以细,观化远也”的表现。吴楚的卑梁、鸡父之战,宋华元飨士而忘其御,鲁昭公偏听郈氏之言遭三家的攻击而出奔,都是因小处失察以致酿成大患的实例,从反面教训中,阐述了“察微”的重要性。

篇中所言“孔子见之以细,观化远也”,其与《观世》篇“先见其任而已动,远乎性命之情也”,

及《先识》篇的“示晋公以日月星辰之行多以不当”，皆为阴阳家之言。

使治乱存亡若高山之与深溪①，若白垩之与黑漆，则无所用智，虽愚犹可矣。且治乱存亡则不然。如可知，如可不知；如可见，如可不见。故智士贤者相与积心愁虑以求之②，犹尚有管叔、蔡叔之事与东夷八国不听之谋③。故治乱存亡，其始若秋毫。察其秋毫，则大物不过矣。

鲁国之法，鲁人为人臣妾于诸侯④，有能赎之者，取其金于府。子贡赎鲁人于诸侯，来而让，不取其金。孔子曰：“赐失之矣⑤。自今以往，鲁人不赎人矣。”取其金，则无损于行；不取其金，则不复赎人矣。子路拯溺者，其人拜之以牛⑥，子路受之。孔子曰：“鲁人必拯溺者矣。”孔子见之以细，观化远也⑦。

---

① 使：即使，假如。 ② 愁：通“揫”。《尔雅》：“揫，聚也。” ③ 管叔、蔡叔：都是周武王之弟，因分封于管（今河南郑州）和蔡（今河南上蔡西南），故称管叔、蔡叔。武王死后，成王年幼，周公旦摄政，管叔、蔡叔不服，和纣王之子武庚一起叛乱，东夷八国响应，遂不听王命。 ④ 臣：男奴仆。妾：女奴仆。 ⑤ 赐：子贡的名字。 ⑥ 拜之以牛：即用牛作为感谢之礼。 ⑦ 观化远也：观察事物的发展变化眼光远大。

楚之边邑曰卑梁①，其处女与吴之边邑处女桑于境上，戏而伤卑梁之处女。卑梁人操其伤子以让吴人②，吴人应之不恭，怒，杀而去之。吴人往报之，尽屠其家。卑梁公怒③，曰："吴人焉敢攻吾邑？"举兵反攻之，老弱尽杀之矣。吴王夷昧闻之④，怒，使人举兵侵楚之边邑，克夷而后去之。吴、楚以此大隆⑤。吴公子光又率师与楚人战于鸡父⑥，大败楚人，获其帅潘子臣、小帷子、陈夏啮⑦。又反伐郢，得荆平王之夫人以归，实为鸡父之战。凡持国，太上知始，其次知终，其次知中。三者不能，国必危，身必穷。《孝经》曰⑧："高而不危，所以长守贵也；满而不溢，所以长守富也。富贵不离其身，然后能保其社稷，而和其民人。"楚不能之也。

---

① 卑梁：春秋时楚国的边邑，与吴接壤。后世用此典把因微故而酿成大衅的，称为卑梁之衅。 ② 伤子：指受伤的处女。古时男女皆可称子。让：责备。 ③ 卑梁公：卑梁的守邑大夫。 ④ 夷昧：《史记·吴太伯世家》作"馀昧"，他是吴王寿梦的第三子，继承其兄馀祭的王位而立为吴王。 ⑤ 隆：通"哄"，斗殴。（依孙诒让说） ⑥ 公子光：吴公子，诸樊之子，即求专诸刺王僚者。鸡父：春秋楚地，在今河南固始县。 ⑦ 潘子臣、小帷子：均为楚大夫。陈夏啮：陈国大夫，名夏啮，这三人不是在一次战斗中俘获的，此系作者误记。 ⑧ 引文见《孝经·诸侯章》。

郑公子归生率师伐宋[①]。宋华元率师应之大棘[②]，羊斟御[③]。明日将战，华元杀羊飨士，羊斟不与焉[④]。明日战，怒谓华元曰："昨日之事，子为制[⑤]；今日之事，我为制。"遂驱入于郑师。宋师败绩，华元虏。夫弩机差以米则不发[⑥]。战，大机也。飨士而忘其御也，将以此败而为虏，岂不宜哉！故凡战必悉熟偏备，知彼知己，然后可也。

鲁季氏与郈氏斗鸡[⑦]，郈氏介其鸡[⑧]，季氏为之金距[⑨]。季氏之鸡不胜，季平子怒，因归郈氏之宫[⑩]，而益其宅。郈昭伯怒，伤之于昭公，曰："禘于襄公之庙也[⑪]，舞者二人而已[⑫]，其余尽舞于季氏。季氏之舞道[⑬]，无上

---

① 归生：郑大夫，字子家。 ② 华元：宋大夫。大棘：春秋宋邑，故址在今河南柘城县西北。 ③ 羊斟：宋人，华元的御手，后奔鲁。 ④ 与：参与。 ⑤ 制：节制，控制。 ⑥ 弩机：弓上发箭的装置。米：指一粒米的长度。 ⑦ 鲁季氏：鲁国有权势的贵族季孙氏，此指季平子。郈（hòu 后）氏：鲁国公室，此指郈昭伯。 ⑧ 介：甲。此处用作动词，使……披甲。 ⑨ 之：指鸡。金距：金属的鸡爪。 ⑩ 归：当为"侵"之误字。（依孙蜀丞说）宫：室。 ⑪ 禘（dì 地）：祭名，此指宗庙四时祭祀之一。夏日举行的宗庙祭祀叫禘。 ⑫ 二人：当作"二八"。古时舞者八人为一佾（yì）。二八即二佾。按礼制诸侯祭祀用六佾，今用二佾，其余被季氏占为己有。 ⑬ 舞道：用舞蹈的规矩。以上几句是指责季氏的僭越行为。

久矣。弗诛，必危社稷。”公怒，不审，乃使郈昭伯将师徒以攻季氏，遂入其宫。仲孙氏、叔孙氏相与谋曰：“无季氏，则吾族也死亡无日矣。”遂起甲以往，陷西北隅以入之，三家为一，郈昭伯不胜而死。昭公惧，遂出奔齐，卒于乾侯①。

鲁昭听伤而不辨其义②，惧以鲁国不胜季氏，而不知仲、叔氏之恐，而与季氏同患也。是不达乎人心也，不达乎人心，位虽尊，何益于安也？以鲁国恐不胜一季氏，况于三季③？同恶固相助④。权物若此其过也⑤，非独仲、叔氏也，鲁国皆恐。鲁国皆恐，则是与一国为敌也，其得至乾侯而卒犹远⑥。

【翻译】

假使治和乱、存和亡像高山与深谷那样明显，像白垩与黑漆那样分明，那么就再没有用智慧的必要了，虽然是愚蠢的人也可以看得出来。但治乱与存亡的问题却不是这样简单。像是可以知道，又像是不可以知道；

① 乾侯：晋地名，在今河北成安县东南。 ② 伤：中伤，诋毁。辨：分辨。义：道理。 ③ 三季：指季孙氏、仲孙氏、叔孙氏三家。 ④ 同恶：所厌恶者相同。三季均厌恶鲁昭公。 ⑤ 权：权衡，衡量。 ⑥ 其：指昭公。这句是说昭公得以至干侯而死，犹幸其远。远：指时间久远。

像是可以看到,又像是不可以看到。所以有智慧的人和贤明的人都一起千方百计用尽心思去探求治乱存亡的征兆。即使这样,还会有管叔、蔡叔的叛乱与东夷八国不服从王命的阴谋事先未被发觉。所以治乱存亡的征兆,开始时不过像秋天禽兽身上新生的毫毛一样细微,明察治乱存亡起始的纤弱征兆,大事就不会出现过失了。

鲁国的法令规定,鲁国人在诸侯国给人当男女奴仆,有人能赎出他们的,可以在府库中支取赎金。子贡在其它诸侯国赎回了鲁国人,回来后却辞让,不要赎金。孔子说:“子贡此事做错了,从此以后,鲁国人不会再赎人了。”支取了金钱,对品行并无什么损害;不支取金钱,就不再有人赎人了。子路救了一个溺水的人,这个人用一条牛酬谢子路,子路接受了。孔子说:“鲁国人见到溺水的人一定会拯救了。”孔子能从细微之处看待这件事,这是因为他对事物的发展变化观察得很远啊。

楚国有一个边鄙城邑叫卑梁,卑梁女子与吴国边鄙城邑的女子在吴楚边境上采桑,互相打闹时吴国女子伤了卑梁的女子。卑梁人带着受伤的女子来责备吴国人,吴国人对答得很不恭敬,卑梁人很恼怒,杀死那个吴国人便走了。吴国人去报复,把这家卑梁人全部杀了。卑梁的守邑大夫大怒,说:“吴国人怎敢攻打我的城邑?”发兵反攻吴人,把吴国边邑的老弱全部杀光了。吴王夷昧听说这件事，大怒，派人带兵侵犯楚国的边邑卑梁，攻克并夷平了楚国的边邑然后才离开。吴楚因此大动干戈。吴公子光又率兵在鸡父与楚国人决战，大败楚国人，俘虏了楚国的主帅潘子臣、小帷子和陈国助楚的夏啮。又回过头来攻伐楚国的郢都，虏得楚平王的夫人而归，这实际上是鸡父之战的继续。凡是执掌国家政权的，最上等的是明察事物的开端，其次的是预见事物的结局，再次是要了解事物发展的中间环节。这三样都不能做到，国家必定危险，自身必定困窘。《孝经》上说："居高而不倾危，所以能长期保住尊贵；满却不外溢，所以能长期保住富足。富贵不离自身，然后才能保住自己的国家，而使人民和谐。"楚国未能做到这些呀！

郑国的公子归生统领军队攻打宋国，宋国的华元率领军队在大棘应战，羊斟为华元的驭手。次日将要作战，华元杀羊犒赏将士，没有让羊斟参加。次日打起仗来，羊斟很生气地对华元说："昨天的事情，为你所掌握；今天的事情，就要归我掌握了。"于是把战车赶到郑国的军队之中。宋国的军队战败了，华元被俘。弩机钩住弓弦的牙差一粒米的尺寸就不能将箭发射出来。战争，好比一个大的弩机，犒赏将士却忘了自己的驭手，主帅因此战败被俘，难道不应该如此吗！凡是作战一定要完全熟悉各种情况，知彼知己，然后才可以作战啊。

鲁国的季氏与郈氏斗鸡，郈氏为他的鸡披上铁甲，季氏给他的鸡套上金属爪。季氏的斗鸡没有取胜，季平子大怒，于是侵占郈氏的房屋，用以扩大自己的住宅。郈昭伯很生气，在鲁昭公面前讲季氏的坏话说："夏天在襄公的宗庙里举行四时之祭的时候，舞蹈的人仅有两排十六人而已，其余的四排三十二人全舞蹈于季氏之庭。季氏在舞蹈的规格法度上，目无君主已经很久了。不杀掉他，必定危害国家。"昭公听了很生气，不加审察，就使郈昭伯率军队进攻季氏，于是进入季氏的庭院。仲孙氏、叔孙氏互相商量说："没有季氏，那么我们家族的灭亡也用不了几天了。"于是起兵前往助季氏，攻破了院墙的西北角而进入季氏的庭院，三家合而为一，郈昭伯不能取胜而战死。鲁昭公害怕，于是逃奔到齐国，后来死在晋国的乾侯。鲁昭公听到中伤季氏的话而不去分辨道理何在，害怕鲁国的地位不能胜过季氏，却不知道仲孙氏、叔孙氏的恐惧，正在于与季氏的患难相同。这是由于不能了解人心啊。不了解人心，地位虽然尊贵，对于安全又有什么好处呢？凭着鲁国还怕斗不过一个季氏，又何况三个季氏呢？他们都厌恶鲁昭公，本来就可能互相援助。昭公权衡事情错误到了这种程度，不单仲孙氏、叔孙氏，整个鲁国都怕昭公。整个鲁国都怕昭公，这就是与一个国家为敌了。昭公后来得以到乾侯而死还算死得晚了。

不　二

本篇选自《审分览第五》，旨在论述集中统一的必要。“一则治，异则乱；一则安，异则危”是其中心论点，文中并提出“齐万不同”的主张。这是新兴地主阶级掌握政权后想要实行中央集权意志的反映。文章开头说“听群众人议以治国，国危无日矣”，说明其对众人议政是采取排斥态度的。另外它把“同法令”看得高于一切，抹煞了智、愚、勇、惧和万事万物的差别，这些显然是法家之言，是应予指出的。

本文篇幅特短，疑有大段脱文。

听群众人议以治国，国危无日矣。何以知其然也？

老耽贵柔①,孔子贵仁,墨翟贵廉②,关尹贵清③,子列子贵虚④,陈骈贵齐⑤,阳生贵己⑥,孙膑贵势⑦,王廖贵先⑧,儿良贵后⑨。

有金鼓,所以一耳也⑩;同法令,所以一心也;智者不得巧,愚者不得拙,所以一众也;勇者不得先,惧者不得后,所以一力也。故一则治,异则乱;一则安,异则危。夫能齐万不同⑪,愚智工拙皆尽力竭能,如出乎一穴者,其唯圣人矣乎！无术之智,不教之能,而恃强速贯习⑫,不足以成也。

---

① 老耽贵柔:指老子提出"以柔克刚"、"以弱胜强"的主张。 ② 廉:节俭。墨子主张"非乐"、"节用"、"节葬"等。 ③ 关尹:名喜,曾为函谷关尹,属道家。老子过函谷关,他请老子著道、德二经。主张"其动若水,其静若镜",讲究保持纯气,认为守纯气可以蹈火不热。 ④ 子列子:即列子,姓列,名御寇,属道家。主张"静也虚也,得其居矣"。 ⑤ 陈骈:即田骈,战国时齐国人,主张生死一样,古今相同。"齐万物以为首"。 ⑥ 阳生:即杨朱,他是拔一毛利于天下而不为的利己主义者。 ⑦ 孙膑:古代军事家,有《孙膑兵法》三十篇,主张用兵"其巧在于势","所谓善战者,便势利地者也"。 ⑧ 王廖:战国时的兵家,主张用兵贵在事先建立策略。 ⑨ 儿(nì腻)良:战国时的兵家。贵后:疑为重后发制人。 ⑩ 一:统一。 ⑪ 齐:使……齐一。万不同:指众多的不同事物。 ⑫ 速贯习:迅速习惯于守法。(用陈奇猷说)

【翻译】

听从众人的议论来治理国家，用不了多少时间国家就会遭到危险。根据什么知道是这样的呢？老子崇尚柔，孔子崇尚仁，墨子崇尚廉，关尹崇尚清，列子崇尚虚，陈骈崇尚齐，阳子崇尚利己，孙膑用兵崇尚阵势，王廖用兵崇尚战前谋划，儿良用兵崇尚后发制人。

设置钟鼓，是用来统一众人的听闻的，法令同一，是为了用来统一人们的思想的。法令统一，聪明的人不得用其巧诈，愚笨的人也不见其笨拙，这样聪明人与愚笨的人大家就齐一了。勇敢的人不得抢先，胆怯的人不得落后，这样勇敢与胆怯的人力量就齐一了。所以统一就会安定，不统一就出乱子。统一就平安，不统一就危险。能够使千差万别的事物齐一，使智巧与笨拙的人都能尽其力尽其能，如同从一个起点出发一样，大概只有圣人才能做到吧！光凭智巧而不讲方法，不经过教化而自谓有才能，仅依靠强力使人民迅速习惯于守法，是不能取得成功的。

淫　辞

本篇选自《审应览第六》,“淫辞”即指欺诈之言,诡辩之辞,或虚辞滥说。文章对“淫辞”是持否定态度的,对于“言行相诡”、“所言非所行”以及名家学派的诡辩均一概加以反对。对于辞意不明容易产生误会的现象亦加以讥笑,对强辞夺理的现象也加以讽刺,秦责赵背盟负约,宋澄子亡衣,唐鞅对宋王问等几则故事,便是这类例证。有的可作为优美的寓言来读。篇中极非诡辩,以诡辩为言心相离。

本篇在语言学与文学起源等方面的看法,有值得注意之点,它揭示了语言是交际的工具,是思想的外在表现等问题,“举大木者”之歌,揭示了文学起源与劳动的关系。

非辞无以相期①，从辞则乱②。乱辞之中又有辞焉③，心之谓也。言不欺心，则近之矣。凡言者以谕心也。言心相离，而上无以参之④，则下多所言非所行也，所行非所言也。言行相诡，不祥莫大焉。

空雄之遇⑤，秦、赵相与约，约曰："自今以来，秦之所欲为，赵助之；赵之所欲为，秦助之。"居无几何，秦兴兵攻魏，赵欲救之。秦王不说，使人让赵王曰⑥："约曰：'秦之所欲为，赵助之；赵之所欲为，秦助之。'今秦欲攻魏，而赵因欲救之，此非约也。"赵王以告平原君，平原君以告公孙龙，公孙龙曰："亦可以发使而让秦王曰：'赵欲救之，今秦王独不助赵，此非约也。'"

孔穿、公孙龙相与论于平原君所⑦，深而辩，至于藏三牙⑧，公孙龙言藏之三牙甚辩，孔穿不应，少选，辞而

---

① 期：相约，会合。 ② 从：同"纵"，指恣意而言。 ③ 乱：当为衍文。（依陈昌齐说） ④ 参：考察，验证。 ⑤ 空雄：当作"空雒"。（依毕沅说）前《听言》篇亦作"空洛"，洛字在曹魏之前写作"雒"，因与"雄"形近致误。遇：盟会。 ⑥ 让：以辞相责斥。 ⑦ 孔穿：字子高，孔子的后代。公孙龙：魏人，名家代表人物。平原君：即赵胜，赵惠文王之弟。曾为赵相。 ⑧ 藏三牙：当作"藏三耳"，"藏"即"臧"的借字，通"牂(zāng 脏)"，即母羊，"羊三耳"是当时名家辩论的命题，他们认为"羊有耳"是一个集合的概念。羊又有两耳，加起来是三个概念，如同坚白之辩、白马非马的辩论一样，是一种诡辩。

出。明日,孔穿朝,平原君谓孔穿曰:“昔者公孙龙之言甚辩。”孔穿曰:“然。几能令藏三牙矣。虽然难。愿得有问于君:谓藏三牙甚难而实非也,谓藏两牙甚易而实是也。不知君将从易而是者乎,将从难而非者乎?”平原君不应。明日,谓公孙龙曰:“公无与孔穿辩。”

荆柱国庄伯令其父视日,曰“在天”①;视其奚如?曰“正圆”;视其时,曰“当今”。令谒者驾,曰“无马”②。令涓人取冠,“进上”③。问马齿,圉人曰“齿十二与牙三十”④。人有任臣不亡者⑤,臣亡,庄伯决之,任者无罪⑥。

宋有澄子者,亡缁衣⑦。求之涂,见妇人衣缁衣,援而弗舍,欲取其衣,曰:“今者我亡缁衣。”妇人曰:“公虽

---

① 柱国:即上柱国,战国时期楚国官职名,为最高武官。庄伯:人名。父:古代“父”与“巫”相通,此“父”字,系主占卜的巫。(依陈奇猷说)“日、曰”二字,原文颠倒,今据诸家之说改正。 ② 谒者:官名,负责为国君传达命令。谒者不管驾车,此句是令谒者通知驾车者备车,谒者误以为令己驾车,故以“无马”回答。这段对话都是讥笑庄伯辞意不明,致生误会。 ③ 涓人:主管清洁扫除的人。取冠:“冠”与“干”古同音,“取干”即将湿处治之使干燥,涓人误以为“取冠”,故回答说:帽子已戴在你头上。(依陈奇猷说)案:“进上”前,当加一“曰”字。 ④ 圉人:主管养马刍牧的官员。 ⑤ 任:担保。臣:此指奴隶。亡:逃亡。 ⑥ 任者无罪:奴隶逃亡,按法律担保者本应有罪,而庄伯释其罪,是乱说之辞。 ⑦ 亡:指丢失。缁衣:用黑色帛所做的朝服或衣服。

亡缁衣，此实吾所自为也。”澄子曰：“子不如速与我衣。昔吾所亡者，纺缁也[1]；今子之衣，禅缁也[2]。以禅缁当纺缁，子岂不得哉？”

宋王谓其相唐鞅曰[3]：“寡人所杀戮者众矣，而群臣愈不畏，其故何也？”唐鞅对曰：“王之所罪，尽不善者也。罪不善，善者故为不畏。王欲群臣之畏也，不若无辨其善与不善而时罪之，若此则群臣畏矣。”居无几何，宋君杀唐鞅。唐鞅之对也，不若无对。

惠子为魏惠王为法[4]。为法已成，以示诸民人，民人皆善之。献之惠王，惠王善之，以示翟翦[5]，翟翦曰：“善也。”惠王曰：“可行邪？”翟翦曰：“不可。”惠王曰：“善而不可行，何故？”翟翦对曰：“今举大木者，前呼舆謣[6]，后亦应之，此其于举大木者善矣。岂无郑、卫之音哉？然不若此其宜也。夫国亦木之大者也[7]。”

---

① 纺缁：用纺丝的织品制成的黑色衣服。 ② 禅（dān丹）：单衣。 ③ 宋王：此指宋康王。唐鞅：宋康王相。 ④ 惠子：惠施，宋人，仕魏为魏惠王相。 ⑤ 翟翦：魏国人。 ⑥ 舆謣（yú余）：亦作“邪许（hǔ虎）”、“邪所”，表声词，抬重物时所唱的号子声。 ⑦ 这句是说治国亦如举大木一样，自有宜用之法。

【翻译】

没有言辞就无法互相交往，但随意乱说的言辞会导致混乱。言辞之中又有使之言辞的，这就叫做内心。口不欺心，那就差不多了。凡是说出的话都是用以表达心意的，言语与内心相背离，而君主没有考察的办法，那么臣下就会有很多人说的话与做的事不相符合，或者做的事与说的话不相符合。言行相违背，没有比这更不吉祥的了。

在空洛盟会的时候，秦国与赵国相互订立盟约，盟约说："从今以后，秦国想要做的事，赵国帮助它；赵国想要办的事，秦国帮助它。"过了不多久，秦国起兵攻打魏国，赵国想援救魏国。秦王不高兴，派人责斥赵王说："盟约上说：'秦国想要做的事，赵国帮助它；赵国想要办的事，秦国帮助它。'如今秦国想攻打魏国，而赵国却想援救它，这是违背盟约的。"赵王把这些话告诉平原君。平原君将这些话告诉公孙龙，公孙龙说："赵国也可以派使者责备秦王说：'赵国想援救魏国，如今秦王却不帮助赵国，这是违背盟约的。'"

孔穿与公孙龙在平原君处互相辩论，言辞精深而雄辩，辩论到羊有三耳的命题，公孙龙讲羊有三耳，非常善辩，孔穿不加反驳，过了一会，辞别而去。次日，孔穿朝见平原君，平原君对孔穿说："昨天公孙龙说的话非常雄辩。”孔穿说:“是的,他的说法几乎能让羊有三个耳朵了。虽然他的言辞极为雄辩,但却难以成立。我想向您请教一个问题:论说羊有三耳是很难的,实际羊并没有三耳;说羊有两耳很容易,而实际就是如此,不知您将听从容易而正确的说法,还是要听从难于理解而又不正确的说法呢!”平原君不回答。次日,平原君对公孙龙说:“您不要跟孔穿辩论了。”

楚国的柱国庄伯让巫人看看太阳,巫人却说“在天上”。让他看看太阳怎么样了,却说“正圆”。让他看看什么时辰,却说:“正是这个时辰。”让谒者去传令驾车,却回答说:“没有马。”让主管清洁扫除的人将湿处治干,涓人误听为“取冠”,却回答说:“帽子已戴在你头上。”问马的牙口,养马人却回答说:“齿十二个与壮齿一起共三十个。”有个担保奴隶不逃亡的人,结果奴隶逃亡了,让庄伯判决这件事,担保人却被认为无罪。

宋国有个叫澄子的人,丢失了一件黑色的衣服,到路上去寻找,看见一个妇女穿着黑衣服,拉住她不放手,要拿走她穿的黑衣,说:“如今我丢失了一件黑衣。”妇人说:“您虽丢失了一件黑色衣服,可这件衣服确实是我自己做的啊。”澄子说:“你不如快给我衣服,昨天我所丢的衣服,是纺丝的黑衣服,如今你这件黑衣服是单的,用单衣抵纺丝的,你难道不占便宜吗?”

宋康王对他的相唐鞅说："我所杀死的人很多了，可是臣子们越发不怕我，这是什么原因呢？"唐鞅回答说："大王所治罪的人，都是不好的人，对不好的人治罪，因此好人不害怕。大王要想使群臣害怕，不如不分好与不好，而不断地治群臣的罪，这样群臣就害怕了。"过了不多久，宋王杀了唐鞅。唐鞅的回答，不如不回答。

惠施为魏惠王制定法令，法令已经制定好了，拿来让人们看，人们都认为法令好。呈献给惠王，惠王认为法令好，拿来让翟翦看，翟翦说："好啊！"惠王问道："可以实行吗？"翟翦回答说："不可以。"惠王问道："好又不可实行，是什么原因？"翟翦回答说："如今抬大木头的，前面的人喊着'邪许'，后面的人也来应和，这对于抬大木头的人来说是很好的。难道没有郑国、卫国那样好听的流行歌曲可唱吗？只是唱那样的歌，不如喊'邪许'更适宜。治理国家也像抬大木头一样啊。"

用　民

本篇选自《离俗览第七》。所谓"用民",即使用人民。文章开头指出的"凡用民,太上以义,其次以赏罚",是"用民"的两个基本原则,但谈得更多的是赏罚问题。而用民的纲纪在于抓住人民"欲荣利,厌辱害"的心理,要做到"赏罚皆有充实"、赏罚能够兑现,人民则赴汤蹈火,在所不辞。另外,要想取得天下,不但要能使用自己的人民,还要能使用不属于自己的人民,这个关键是信义的问题。

文章最后用宋人杀马取道的故事,说明威严"不可无有",又"不可专恃",以及在什么情况下可以行威,什么情况下则不可行威。

此篇与《论威》篇论点相同，应是兵家之言。

凡用民，太上以义，其次以赏罚，其义则不足死，赏罚则不足去就[①]，若是而能用其民者，古今无有。民无常用也，无常不用也，唯得其道为可。阖庐之用兵也，不过三万。吴起之用兵也，不过五万。万乘之国，其为三万五万尚多，今外之则不可以拒敌，内之则不可以守国，其民非不可用也，不得所以用之也。不得所以用之，国虽大，势虽便，卒无众[②]，何益？古者多有天下而亡者矣，其民不为用也。用民之论，不可不熟。

剑不徒断[③]，车不自行，或使之也。夫种麦而得麦，种稷而得稷，人不怪也。用民亦有种，不审其种，而祈民之用[④]，惑莫大焉。

当禹之时，天下万国，至于汤而三千余国，今无存者矣，皆不能用其民也。民之不用，赏罚不充也[⑤]。汤、武因夏、商之民也[⑥]，得所以用之也。管、商亦因齐、秦之民也[⑦]，得所以用之也。民之用也有故，得其故，民无所不

① 去就：指去恶就善。 ② 无：通“弥”，甚。 ③ 徒：凭空，无故。断：指断物。 ④ 祈：求。 ⑤ 赏罚不充：指赏罚不兑现。充，充实。 ⑥ 汤、武：指商汤与周武王。因：依靠。这句是说汤因夏民，武王因商民。 ⑦ 管、商：管仲、商鞅。

同。用民有纪有纲[①]。壹引其纪，万目皆起；壹引其纲，万目皆张。为民纪纲者何也？欲也恶也。何欲何恶？欲荣利，恶辱害。辱害所以为罚充也，荣利所以为赏实也。赏罚皆有充实，则民无不用矣。阖庐试其民于五湖，剑皆加于肩，地流血几不可止。句践试其民于寝宫[②]，民争入水火，死者千余矣，遽击金而却之。赏罚有充也。莫邪不为勇者兴惧者变[③]，勇者以工，惧者以拙，能与不能也。

夙沙之民[④]，自攻其君而归神农。密须之民[⑤]，自缚其主而与文王。汤、武非徒能用其民也，又能用非己之民。能用非己之民，国虽小，卒虽少，功名犹可立。古昔多由布衣定一世者矣，皆能用非其有也。用非其有之

---

① 纪：本指丝缕的头绪。纲：本指提网的绳，后纲纪引申为法纪。 ② 句践试其民于寝宫：事见《韩非子·内储说上》：文种为伐吴，以焚宫室试民向句践建议，遂焚宫室，人民没有救火的。乃下命令：救火而死者，其赏与在战场上牺牲战士相等，救火而未死者，与战胜敌人之赏同，不救火者，以投降敌人论罪。于是人们身涂泥巴，被湿衣而赴火者左三千人，右三千人，以此知伐吴必胜。 ③ 兴：当作“与”。（依王念孙说） ④ 夙沙：亦作“宿沙”、“质沙”，上古部落名。居东海滨。 ⑤ 密须：古之密国，姞姓，为周文王所灭，故治在今甘肃灵台县西。

心，不可察之本①。三代之道无二，以信为管②。

宋有人取道者③，其马不进，倒而投之鸂水④。又复取道，其马不进，又倒而投之鸂水。如此者三。虽造父之所以威马⑤，不过此矣。不得造父之道，而徒得其威，无益于御。人主之不肖者，有似于此。不得其道，而徒多其威。威愈多，民愈不用。亡国之主，多以多威使其民矣。故威不可无有，而不足专恃。譬之若盐之于味，凡盐之用，有所托也⑥。不适，则败托而不可食。威亦然，必有所托，然后可行。恶乎托⑦？托于爱利。爱利之心谕，威乃可行。威太甚则爱利之心息，爱利之心息，而徒疾行威，身必咎矣⑧。此殷、夏之所以绝也。君，利势也，次官也⑨。处次官，执利势，不可而不察于此。夫不禁而禁者⑩，其唯深见此论邪！

---

① 不可察之本：当作“不可不察其本”。（依毕沅说） ② 信：指信义。管：枢要，关键。 ③ 取道：赶路。“取”通“趣”。 ④ 倒：当作“到”（依王念孙说），断首。鸂水：即溪水。 ⑤ 造父：古代善于驭马的人，曾为周穆王的御者。威马：对马树立自己的威严。 ⑥ 托：依托。 ⑦ 恶：作疑问代名词，什么，何。 ⑧ 咎：祸殃。 ⑨ 次官：疑当作“大官”，盖“大”误作“欠”，又误作“次”。（参用俞樾说） ⑩ 不禁而禁：不用法令禁止而人们自会禁止。

【翻译】

大凡使用人民，最上等的方法是用义，其次是赏罚手段。义不足以让人民效死，赏罚不足以让人民去恶就善，如此而能使用自己人民的人，从古到今都没有。人民不能永远被人使用，也不能永远不被人使用，只有获得正确的方法方可使用。吴王阖庐的用兵，不过三万人。吴起的用兵，不过五万人。拥有万乘兵车的国家，他们用兵比三万五万还多，如今对外不可以防御敌人入侵，对内不能保国，他们的人民不是不可以使用，而是没有掌握如何使用人民的方法呀。不掌握如何使用人民的方法，国家虽然很大，形势虽然有利，兵也很多，又有什么益处呢！古代很多享有天下而又亡国的人，就是因为人民不被他们使用啊。使用人民的道理，不能不深刻理解。

刀剑不会自己凭空砍断东西，车子不会自己行走，是有人操纵它们。种麦得麦，种稷得稷，人们对此并不感到奇怪。使用人民也有播什么种的问题，不考察播下的是什么种子，就要求人民被他使用，没有比这更糊涂的了。

在禹那个时代，天下有上万个诸侯国，到了商汤时代仍有三千个诸侯国，今天已经都不存在了，都是因为不能使用他们的人民啊！人民不被使用，是因为赏罚不兑现。商汤、周武王沿用了前朝夏、商的人民，是因为他们掌握了如何使用人民的方法。管仲、商鞅沿用了齐国、秦国的人民，也是由于他们掌握了如何使用人民的方法。人民被使用是有缘故的，知道这个缘故，人民没有不被使用的。使用人民要有纲纪，一举纪，万目皆起，一提纲，万目皆张。作为老百姓他们的纲纪是什么呢？是希望和厌恶。希望什么厌恶什么呢？希望荣誉与得利，厌恶耻辱与祸害。耻辱与祸害作为罚来说是实在的，荣誉与得利作为赏来说也是实在的。赏和罚都是实实在在的，人民就没有不被使用的了。阖庐在太湖考验他的人民，刀剑逼到了肩头上，血流到地上，几乎禁止不住人民向前。句践用焚烧宫殿来考验人民，人民争先恐后地赴汤蹈火，死了一千多人，赶快鸣金敲锣才让人民退下来，这是因为赏罚都是实在的。宝剑莫邪不因勇敢的人与胆怯的人而改变它的锋利，勇敢的人使用它显得工巧，胆怯的人使用它显得笨拙，这里有善于使用和不善于使用的问题。

夙沙的人民，自己攻打他们的国君来依附神农氏。密须国的人民，自己捆绑他们的君主来归附周文王。商汤王和周武王不只能使用自己的人民，又能使用不属于自己的人民。能够使用不属于自己的人民，国家虽然小，士兵虽然少，功名还可建立。古代许多从平民而成为一代之主的人，都是能使用不归他所有的人民啊。要能使用不属于自己人的思想，就不可不考察问题的根本。上古三代使用不属他们的人民的方法没有两样，他们是以信义作为枢要的。

宋国有个急于赶路的人，他的马不往前跑，便杀死马把它扔在溪水中，又重新赶路。他换的马仍不往前跑，又把它杀掉扔到溪水中，这样做了三次。即使是善于驭马的造父用严威驯马的方法，也不过如此。没有掌握造父驭马的方法，而只学到了造父驯马的威严，对于驭马是没有好处的。国君中不贤德的人，与此相似。他们没有掌握使用人民的方法，却只学会了许多当君主的威严。威严愈多，人民就愈加不听使用。亡国的君主，大多拿许多威严来使用他的人民。所以威严不可没有，也不能够专门依仗它。这就好比盐与味道的关系，大凡盐的使用，用量必然要有所依附。不合适，就会败坏所依附的东西以至不能食用。威严也是这样，必定要有所依附，然后方可实行。依附是什么呢？依附在爱和利上。人民心里明白了爱和利的，威严才可以施行。威严太过分，爱和利的心就会冷淡，这时却一味厉行威严，自身必定遭殃。这就是夏、商所以灭亡的原因啊。君主居势利之要，又是最大的长官。居于最高的官位，又掌握着利益和权势的予夺，对此不可不明察。不须刑法禁止就能禁止人们为非，大概只有深刻认识这个道理才能做到吧！

举　　难

本篇选自《离俗览第七》,“举难”论述的是举荐人才的困难,难就难在求全责备,这是物之常情。物无全物,人无完人,即使是尧、舜、禹、汤等圣君,也有受人诋毁之处。因此要宽于责人,严以责己,取人贵取长处,不应“以人之小恶,亡人之大美”。在任用贤才方面,文章主张选择面要博,不要任人唯亲,以魏文侯选相和齐桓公任用出身微贱的宁戚为例,歌颂了破格任人的英明。这些荐举人才的原则,直到现在仍有现实意义。

本篇所论与《离俗》篇同旨,似为漆雕、孟舍、北宫学派之言。

以全举人固难，物之情也。人伤尧以不慈之名①，舜以卑父之号②，禹以贪位之意③，汤、武以放弑之谋④，五伯以侵夺之事⑤。由此观之，物岂可全哉？故君子责人则以人⑥，自责则以义。责人以人则易足，易足则得人；自责以义则难为非，难为非则行饰⑦。故任天地而有余。不肖者则不然。责人则以义，自责则以人。责人以义则难瞻⑧，难瞻则失亲；自责以人则易为，易为则行苟。故天下之大而不容也，身取危，国取亡焉。此桀、纣、幽、厉之行也⑨。尺之木必有节目⑩，寸之玉必有瑕瓋⑪。先王知物之不可全也，故择物而贵取一也⑫。

① 伤：诋毁。尧传位给舜，而不传其子，所以有人诋毁他对儿子不慈爱。 ②《韩非子·忠孝》说："瞽叟为舜父而舜放之。"舜的不孝之名和卑父之号，大概指此而言。 ③ 这是指禹接受了舜的禅让，继承了帝位，而又把帝位传给自己的儿子启。 ④ 汤王伐夏桀，夏桀出奔南方，情同放逐。武王伐纣，纣兵败自焚而死，犹如臣弑君。 ⑤ 五伯：即五霸。侵夺之事：指其互相争战。 ⑥ 以人：按常人的标准。 ⑦ 行饰：行为端正。"饰"同"敕"，正。 ⑧ 难瞻：当作"难赡"（依毕沅说），难以满足要求。 ⑨ 幽、厉：指周幽王宫涅和周厉王胡，厉王比幽王在位之时早六十多年。他们都是无道之君。 ⑩ 节目：指木头的节疤。 ⑪ 瑕瓋（zhè 折）：玉上的斑点。 ⑫ 择物：指对物的选择。取一：取其一点长处或一技之长。

季孙氏劫公家①,孔子欲谕术则见外②,于是受养而便说③。鲁国以訾④。孔子曰:“龙食乎清而游乎清,螭食乎清而游乎浊⑤,鱼食乎浊而游乎浊。今丘上不及龙,下不若鱼,丘其螭邪!”夫欲立功者,岂得中绳哉?救溺者濡,追逃者趋。

魏文侯弟曰季成,友曰翟璜⑥。文侯欲相之,而未能决,以问李克⑦,李克对曰:“君欲置相,则问乐腾与王孙苟端孰贤⑧。”文侯曰:“善。”以王孙苟端为不肖,翟璜进之⑨;以乐腾为贤,季成进之。故相季成。凡听于主,言人不可不慎。季成,弟也,翟璜,友也,而犹不能知,何由知乐腾与王孙苟端哉?疏贱者知,亲习者不知,理无自然⑩。自然而断相⑪,过。李克之对文侯也亦过。虽皆过,譬之若金之与木,金虽柔,犹坚于木。

---

① 季孙氏:鲁国权势很大的贵族。劫公家:劫夺国家政权。 ② 谕术:以道术使其晓谕。见外:被疏远。 ③ 受养:指作为食客或家臣被养活。便说:便利于行说。 ④ 訾(zǐ 子):诋毁。 ⑤ 螭(chī 蚩):传说中无角的龙。 ⑥ 翟璜:一作“翟黄”,下邦人,曾向魏文侯举荐过吴起、西门豹、乐羊、李克等人。 ⑦ 李克:子夏的学生,仕于魏。 ⑧ 乐腾、王孙苟端:二人皆魏文侯之臣。 ⑨ 进:举荐。 ⑩ 理无自然:不会有这样的道理。 ⑪ “自然”上当脱“理无”二字。

孟尝君问于白圭曰[①]:“魏文侯名过桓公,而功不及五伯,何也?”白圭对曰:“文侯师子夏,友田子方,敬段干木,此名之所以过桓公也。卜相曰‘成与璜孰可’[②],此功之所以不及五伯也。相也者,百官之长也。择者欲其博也。今择而不去二人,与用其雠亦远矣[③]。且师友也者,公可也[④];戚爱也者[⑤],私安也[⑥]。以私胜公,衰国之政也。然而名号显荣者。三士羽翼之也[⑦]。”

宁戚欲干齐桓公,穷困无以自进,于是为商旅将任车以至齐[⑧],暮宿于郭门之外。桓公郊迎客,夜开门,辟任车[⑨],爝火甚盛[⑩],从者甚众。宁戚饭牛居车下,望桓公而悲,击牛角疾歌。桓公闻之,抚其仆之手曰:“异哉!之歌者非常人也!”命后车载之[⑪]。桓公反,至,从者以请。桓公赐之衣冠,将见之。宁戚见,说桓公以治境内。明日复见,说桓公以为天下。桓公大说,将任之。群臣

① 白圭:白圭有二人,一为周人,与魏文侯同时,一为魏人,与公孙龙同时,此为后者。(依陈奇猷说) ② 卜:指以占卜方法选择。成:指季成。璜:指翟璜。 ③ 用其雠:指齐桓公不记管仲的一箭之仇,任用他为相。 ④ 公可:犹公义。⑤ 戚:亲戚。爱:宠爱之人,分别指季成与翟璜。 ⑥ 私安:私利。 ⑦ 三士:指子夏、田子方、段干木三人。“羽”下原脱“翼”字,据毕沅说补。 ⑧ 任车:载车。 ⑨ 辟:使躲避。⑩ 爝火:小火把。 ⑪ 后车:副车,侍从之车。

争之曰[①]："客，卫人也。卫之去齐不远。君不若使人问之。而固贤者也，用之未晚也。"桓公曰："不然。问之，患其有小恶。以人之小恶，亡人之大美，此人主之所以失天下之士也已。"凡听必有以矣[②]，今听而不复问，合其所以也。且人固难全，权而用其长者[③]，当举也。桓公得之矣。

【翻译】

用十全十美的标准举荐人本来很难，这是事物的实际情况。有人用对儿子不慈爱的名声中伤尧，用不孝顺父亲的恶名诋毁舜，用有贪图帝位的想法来诋毁禹，用放逐、杀死国君的计谋来诋毁汤王和武王，用侵略掠夺别国来诋毁五霸。由此看来，事物哪有十全十美的呢？所以君子用一般人的标准来要求别人，用义的标准来要求自己。用一般人的标准要求别人就容易满足，容易满足就能获得拥护自己的人，用义的标准来要求自己就难于犯错误，难于犯错误就行为端正，这样承担天地间的重任就有余力了。不贤的人就不能这样。他们用义的标准来要求别人，而用一般人的标准来要求自己。用义的标准来要求别人就难以满足，难以满足就会失去亲近

---

① 争：指劝谏。 ② 以：因由，缘故。 ③ 权：衡量。

的人；用一般人的标准来要求自己就容易做到，容易做到行为就苟且随便，这样天下虽大而自己却不能容身，自身召致危险，国家招致灭亡。这就是夏桀、殷纣王、周幽王、周厉王的所作所为啊。一尺长的短木必有节疤，一寸长的玉石必有瑕疵。先王知道事物不能十全十美，所以对物的选择仅取其长处。

季孙氏把持国家大权，孔子想用道术使他明白而被疏远，于是为了便于行说就去就食季孙氏。鲁国人因此诋毁孔子。孔子说："龙在清水中吃东西又在清水中游动，无角龙在清水中吃东西而在混水中游动，鱼在混水中吃东西又在混水中游动。今天我比上不如龙，比下不像鱼。我大概像无角龙一样吧！"那些想建功立业的人，哪能都合乎规矩呢？在水中救人自己要沾湿衣服，追赶逃跑的人自己要奔跑。

魏文侯有一个叫季成的弟弟，有一个叫翟璜的朋友。魏文侯想任命他们为相。而未能决定二人谁合适，以此来问李克。李克回答说："您想立相，打听一下乐腾和王孙苟端二人哪一个好就行了。"魏文侯说："好吧！"魏文侯认为王孙苟端不好，是翟璜举荐的他；认为乐腾好，是季成举荐的他：所以立季成为相。凡是说话能让国君听信的人，谈论别人不能不慎重。季成是文侯的弟弟，翟璜是文侯的朋友，而文侯还不能了解他们，又从哪里了解乐腾与王孙苟端呢？对疏远轻贱的人了解，对亲近熟悉的人却不了解。没有这样的道理。没有这样的道理却以此决断相位，是过错。李克回答魏文侯的话也是错的。他们虽然都错了，但好像金属和木头相比一样，金属虽然软，但还是比木头硬。

孟尝君向白圭问道："魏文侯的名声超过齐桓公，而功业赶不上五霸，这是什么原因呢？"白圭回答说："文侯以子夏为老师，以田子方为友，敬重段干木，这就是他的名声超过齐桓公的原因。他选择相的时候说：'季成与翟璜哪一个可以？'这就是他的功业赶不上五霸的原因。相是百官之长，选择的人要从众多的人选中挑取。如今选相却离不开那两个人，这与桓公用他的仇人管仲为相相距太远了。况且用老师和朋友为相，是公义；用亲属和宠爱的人为相，是私利；把私利放在公义之上，这是衰弱之国的政治啊。然而他的名声却能显赫荣耀，这是因为有三位贤人辅佐他的缘故。"

宁戚想向齐桓公谋求官职，因为穷困没有办法自荐。于是就给商人赶着载货的车子到了齐国，晚上住在城门外，齐桓公到郊外迎客，夜间打开城门，让装载货物的车子躲开，火把很明亮，跟从的人很多。宁戚在车下喂牛，望见桓公心里很悲伤，就敲着牛角用力唱起歌来。桓公听到歌声，摸着仆人的手背说："奇怪呀！这个唱歌的人不是一般的人啊!”命令侍从的车辆载上他。桓公回来,到了宫中,随从的人以宁戚之事向桓公请示,桓公赏赐给宁戚衣、帽,并要接见他。宁戚来见,用如何保境安民的话劝说桓公。次日又来见,用如何治理天下的话劝说桓公。桓公大为高兴,要任用宁戚。众臣劝谏说:“这个客人是卫国人,卫国距离齐国不远,您不如派人去询问一下,如果本来就是贤德的人,再任用他也不晚。”桓公说:“不是这样,如果去询问他的情况,怕他有小毛病。为了人家有小毛病,丢掉人家的大优点,这是国君失掉天下英才的原因啊。”凡是听从别人的主张必然要有依据,桓公如今听了宁戚的主张而不再查问,是有依据的。而且人本来就不可能十全十美,权衡短长而用其所长,这是恰当的举用啊。桓公算是掌握了这个原则的。

察 贤

本篇选自《开春论第一》。“察贤”即察举贤人，君主要建立功名就要得贤，得贤则可“国治身逸”，这是治国的关键。

文中将宓子贱与巫马期治单父县进行对比，认为宓子的弹琴而治是治中的最高境界，巫马期的疲劳而治，“虽治犹未至”，“任人”胜过“任力”。宓子的弹琴而治，是千古流传的美谈，也是封建时代许多政治家的理想。

篇中所言“今夫塞者，勇力、时日、卜筮、祷祠无事焉，善者必胜”，其旨与《尽数》篇相同。而《尽数》多系方技家（阴阳的分支）之言，可知此篇与阴阳家有密切关系。

今有良医于此，治十人而起九人①，所以求之万也②。故贤者之致功名也，比乎良医，而君人者不知疾求，岂不过哉！今夫塞者③，勇力、时日、卜筮、祷祠无事焉，善者必胜。立功名亦然，要在得贤。魏文侯师卜子夏，友田子方，礼段干木，国治身逸。天下之贤主，岂必苦形愁虑哉！执其要而已矣。雪霜雨露时④，则万物育矣，人民修矣⑤，疾病妖厉去矣。故曰尧之容若委衣裘⑥，以言少事也。

宓子贱治单父⑦，弹鸣琴，身不下堂，而单父治。巫马期以星出⑧，以星入，日夜不居，以身亲之，而单父亦治。巫马期问其故于宓子，宓子曰："我之谓任人，子之谓任力；任力者故劳，任人者故逸。"宓子则君子矣，逸四肢，全耳目，平心气，而百官以治，义矣，任其数而已矣⑨。巫马期则不然，弊生事精⑩，劳手足，烦教诏，虽治犹未

① 起：指治愈。 ② 求：指登门求医者。万：极言求医者之多。 ③ 塞：同"簺"，又名"格五"，是古代的一种博弈游戏。 ④ 时：及时。 ⑤ 修：善，好。 ⑥ 容：仪容。委衣裘：委曲衣裘而坐，喻消闲自得。 ⑦ 宓子贱：名不齐，字子贱，春秋末鲁国人，孔子的弟子，曾为单父宰。单父：县名，即今山东省单县。 ⑧ 巫马期：姓巫马，名施，字子期，孔子弟子。 ⑨ 数：术数、方法。 ⑩ 弊生事精：即弊生使精。（依于省吾说）意即损害生命，耗费精神。

至也。

【翻译】

如果这里有一个良医，给十个病人治病而治好了九个，求他治病的必然成千上万。那么贤人能为人获取功名，就好比良医一样。可是当君主的却不知道赶快寻找这种贤人，这难道不是过错吗？如今玩“格五”游戏的人，凭勇敢、力气、时机、占卜、祭祷都无济于事，技术高的必定取胜。建立功名也是如此，关键在于得到贤人。魏文侯以卜子夏为师，与田子方交友，以礼相待段干木，使国家大治而自身安逸。天下贤明的君主，难道必须劳身费神吗！抓住关键就行了。雪霜雨露下得及时，万物就生长发育了，人民的日子就好过了，疾病、妖异、灾祸就离人而去了。所以说尧的样子像委曲衣裳而坐那样安闲，这话是用以说明他很少办理政务。

宓子贱治理单父县，整日弹琴，自身坐堂上而不出，结果单父县治理得很好。巫马期披星戴月，早出晚归，日夜不停，一切事物都亲自处理，而单父县也治理得很好。巫马期向宓子贱询问其中的缘故。宓子说：“我的做法叫做使用人才，你的做法叫做使用力气；使用力气的人所以劳累，使用人才的人所以安逸。”宓子真是君子啊。使四肢安逸，耳目保全，心气和平，而各种官吏的事务都治理得很好，这是适宜的，他不过是使用正确的方法罢了。巫马期就不是这样，他损伤自己的生命，耗费自己的精神，劳累自己的手足，不停地下教令，虽然也治理得不错，但还未达到最高境界。

爱　类

本篇选自《开春论第一》，论述的是对同类的仁爱，即所谓“仁也者，仁乎其类者也”。对于“仁人”来说，其仁爱的具体表现就是为民谋利。对国君来说，就要“以民为务”，“忧民之利，除民之害”。文章举出墨子止楚攻宋，大禹治水，惠施违背自己的“去尊”主张，“王齐王以寿黔首之命”，这都是“仁乎其类”的表现。并认为利民之道不止一种，凡有利于人民，适合时势需要，都是爱民的行为。

本篇的思想，杂糅了墨家的“兼爱”，儒家的“仁者爱人”，同时还颂扬了名家的惠施，表现出作者兼容并蓄的杂家风格。

仁于他物，不仁于人，不得为仁。不仁于他物，独仁于人，犹若为仁。仁也者，仁乎其类者也。故仁人之于民也，可以便之①，无不行也②。《神农之教》曰③：“士有当年而不耕者，则天下或受其饥矣；女有当年而不绩者，则天下或受其寒矣。”故身亲耕，妻亲绩，所以见致民利也④。贤人之不远海内之路⑤，而时往来乎王公之朝，非以要利也，以民为务故也。人主有能以民为务者，则天下归之矣。王也者，非必坚甲利兵选卒练士也⑥，非必隳人之城郭杀人之士民也⑦。上世之王者众矣，而事皆不同，其当世之急，忧民之利，除民之害同。

公输般为高云梯⑧，欲以攻宋。墨子闻之，自鲁往，裂裳裹足⑨，日夜不休，十日十夜而至于郢，见荆王曰：“臣北方之鄙人也⑩，闻大王将攻宋，信有之乎？”王曰：“然。”墨子曰：“必得宋乃攻之乎？亡其不得宋且不义犹攻之乎⑪？”王曰：“必不得宋且有不义，则曷为攻之？”墨

---

① 便：利。 ② 行：为，实行。 ③《神农之教》：疑指《汉书·艺文志》所著录的农家著作《神农》二十篇。刘向《别录》题为李悝及商君所说，王应麟疑为许行所为。 ④ 见（xiàn 现）：显示。致民利：给人民带来利益。 ⑤ 远：用如动词，以……为远。 ⑥ 选：优秀的。 ⑦ 隳（huī 灰）：毁坏。 ⑧ 公输般：古代著名的能工巧匠，因系鲁国人，又称鲁班。姓公输，名般。⑨ 裂裳裹足：撕开衣服作裹腿布。 ⑩ 鄙人：野人，小人。⑪ 亡（wú 无）其：还是。

子曰："甚善。臣以宋必不可得。"王曰："公输般，天下之巧工也，已为攻宋之械矣。"墨子曰："请令公输般试攻之，臣请试守之。"于是公输般设攻宋之械，墨子设守宋之备。公输般九攻之①，墨子九却之，不能入。故荆辍不攻宋。墨子能以术御荆、免宋之难者，此之谓也。

圣王通士②，不出于利民者无有。昔上古龙门未开③，吕梁未发④，河出孟门⑤，大溢逆流，无有丘陵沃衍、平原高阜⑥，尽皆灭之，名曰"鸿水"。禹于是疏河决江⑦，为彭蠡之障⑧，干东土⑨，所活者千八百国。此禹之功也。勤劳为民，无苦乎禹者矣。

匡章谓惠子曰⑩："公之学去尊⑪，今又王齐王，何其到也⑫？"惠子曰："今有人于此，欲必击其爱子之头，石可以代之……"匡章曰："公取之代乎？其不与⑬？""施取代

---

① 九：虚数，言其多。 ② 通士：知识渊博、通达事理的人。 ③ 龙门：即龙门山，又名禹门口，在山西河津西北和陕西韩城西北，峭壁夹黄河对峙，形如阙门，故称龙门。 ④ 吕梁：即《尚书·禹贡》中的梁山，在陕西韩城，黄河岸边，传说为禹所开凿。 ⑤ 孟门：山名，在山西吉县西，横亘黄河两岸，因在龙门之北，又称龙门上口。 ⑥ 沃衍：土地肥美。阜：高地。 ⑦ 决：打开缺口。 ⑧ 彭蠡：即鄱阳湖。障：堤防。 ⑨ 干东土：使东方水退土干。 ⑩ 匡章：人名，其事不详。 ⑪ 学：学说。去尊：废弃尊位。 ⑫ 到：同"倒"。指言行相反。 ⑬ 与：语气词，后来写作"欤"。

之。子头，所重也；石，所轻也。击其所轻以免其所重，岂不可哉！”匡章曰：“齐王之所以用兵而不休，攻击人而不止者，其故何也？”惠子曰：“大者可以王，其次可以霸也。今可以王齐王而寿黔首之命①，免民之死，是以石代爱子头也，何为不为？”民，寒则欲火，暑则欲冰，燥则欲湿，湿则欲燥。寒暑燥湿相反，其于利民一也。利民岂一道哉！当其时而已矣②。

【翻译】

对其他物类仁爱，对人却不仁爱，不能算是仁；对其他物类不仁爱，单独对人仁爱，仍然算是仁。所谓仁，就是对同类的仁爱。所以仁爱的人对于老百姓，只要能够使百姓得利，没有什么不可以做的。《神农之教》说：“男子如果有人正当成年却不种田，那么天下就会有人因此而挨饿，女子如果有人正当成年却不缉麻，那么天下就会有人因此而受冻。”所以神农自身亲自种田，妻子亲自缉麻，以此表示为民谋利。贤人所以不嫌海内路途遥远，而时常来往于国君的朝廷，不是为了求利，而是以老百姓的事当作急务的缘故。国君如果能有把老百姓的事当作急务的人，那么天下就要归他所有了。所谓王天

① 寿：用作动词，使……长寿。 ② 当：适合。

下，不一定要靠精良的武器和优秀的士卒，不一定要毁坏人家的城郭杀害人家的士民。古代统一天下的人很多，他们的情况都不相同，但他们在承担社会的急务、关心人民的利益，消除人民的灾难方面是相同的。

公输般制造云梯，想用来攻打宋国。墨子听说这件事，从鲁国出发到楚国去，他撕开自己的衣服裹上脚，日夜不停，走了十天十夜而到达郢都。见楚王说："我是北方的一个小民，听说大王您将要攻打宋国，真的有这回事吗？"楚王说："有。"墨子说："您是认为一定能得到宋国才攻打它呢，还是既得不到宋国又落个不义之名而仍然去进攻它呢？"楚王说："一定得不到宋国又落个不义之名，那我为什么还要进攻它呢？"墨子说："您说得很好。我以为宋国您一定得不到。"楚王说："公输般，是天下的能工巧匠，他已经制造好攻宋的器械了。"墨子说："请让公输般试一试怎样攻打宋国，我请求试着守一下。"于是公输般设置攻打宋国的器械，墨子设置为宋国守城的工具。公输般攻了多次，墨子多次打退他的进攻，终不能攻入城里。所以楚国停下来不攻打宋国了。人们说墨子能用自己的技术抗御楚国攻宋、免除了宋国的灾难，就是指这件事。

圣明的君主和博学通达的士人，没有不是出自为民谋利而有所作为的。过去上古时代龙门山未被开凿，吕梁山未被开发，黄河从孟门山流出，大水溢出横流，不分丘陵、沃野、平原、高地，完全被淹没，人们叫它“洪水”。大禹于是疏通黄河，决开长江的口子，构筑鄱阳湖的堤防，使东方水退土干，被救的有一千八百多个国家，这是大禹的功劳。为人民勤苦操劳，没有超过大禹的人了。

匡章对惠施说：“您的学说主张废弃帝王的尊位，如今又尊齐王为王，这是多么矛盾呢？”惠子说：“假如这里有个人，万不得已，非要敲打自己的爱子的头，而石头又可以代替爱子的头……”匡章说：“您想拿石头代替呢，还是不这样做呢？”惠施说：“我想拿石头代替它。爱子的头，是我所珍重的，石头，是我所轻贱的，敲击自己所轻贱的东西以便使所珍重的免受敲击，难道不可以吗？”匡章说：“齐王无休止地打仗，不停地攻击别人，这是什么原因呢？”惠子说：“这样做最大的目的是称王天下，次一等的是称霸于诸侯。如今尊齐王为王可以使百姓长寿，免除他们的死亡，这是用石头代替爱子的头啊，为什么不这样做呢？”人民冷了就想烤火，热了就想到要冰，太干燥了就想潮湿些，太潮湿了就想干燥些。寒冷与炎热，干燥与潮湿是互相对立的，但它们在有利于人民方面是相同的。有利于人民难道就只有一种方法吗？只不过要适合时宜罢了。

慎　行

本篇选自《慎行论第二》，主要论述的是行为应当谨慎，“慎行”的前提是事前要深思熟虑，而“慎行”的原则是道义。“君子计行虑义，小人计行其(期)利”。

文章举出费无忌和崔杼、庆封为例，从反面说明不慎于行的人最终都没有好下场，是背信弃义而求利的，对费无忌的挑拨离间，陷害他人，对庆封的阴狠毒辣和权势欲望，进行了深刻的揭露。末段意在使“乱人”吸取教训。

本篇所言“君子计行虑义，小人计行其利，乃不利。有知不利之利者，则可与言理矣”，与《士节》篇“士之为人，当理不避其难，临患忘利，遗生行义”之旨相同，其他论述亦相近，据此而论，本篇亦似漆雕、北宫、孟舍流派之作。

行不可不孰①。不孰，如赴深溪，虽悔无及。君子计行虑义，小人计行其利②，乃不利。有知不利之利者，则可与言理矣。

荆平王有臣曰费无忌③，害太子建④，欲去之。王为建取妻于秦而美，无忌劝王夺。王已夺之，而疏太子。无忌说王曰："晋之霸也，近于诸夏；而荆僻也，故不能与争。不若大城城父而置太子焉⑤，以求北方，王收南方，是得天下也。"王说，使太子居于城父。居一年，乃恶之曰："建与连尹将以方城外反⑥。"王曰："已为我子矣，又尚奚求？"对曰："以妻事怨，且自以为犹宋也⑦。齐晋又辅之，将以害荆，其事已集矣⑧。"王信之，使执连尹，太子

---

① 孰：即熟，这里指深思熟虑。 ② 其：通"期"。（依陶鸿庆说）期求。 ③ 荆平王：即楚平王，名熊居。费无忌：《左传》作"费无极"，其官为太子少师，是拨弄是非的佞臣。 ④ 害：妒忌。太子建：即芈建，楚平王之子，后逃往宋国和郑国。 ⑤ 城父（fǔ 甫）：楚北部边邑，故治在今河南省宝丰东四十里。 ⑥ 连尹：楚官名，指伍奢（伍子胥之父）。方城：山名，在今河南叶县南，为楚国北部关隘。外：城父在方城北，楚在南，故称外。 ⑦ 犹宋：指像宋国一样处于受欺的地位。 ⑧ 集：成功。

建出奔。左尹郄宛①，国人说之。无忌又欲杀之，谓令尹子常曰②："郄宛欲饮令尹酒。"又谓郄宛曰："令尹欲饮酒于子之家。"郄宛曰："我贱人也，不足以辱令尹。令尹必来辱③，我且何以给待之？"无忌曰："令尹好甲兵，子出而寘之门，令尹至，必观之，已，因以为酬④。"及飨日⑤，惟门左右而寘甲兵焉⑥。无忌因谓令尹曰："吾几祸令尹。郄宛将杀令尹，甲在门矣。"令尹使人视之，信。遂攻郄宛，杀之。国人大怨，动作者莫不非令尹⑦。沈尹戌谓令尹曰⑧："夫无忌，荆之谗人也。亡夫太子建⑨，杀连尹奢，屏王之耳目。今令尹又用之，杀众不辜，以兴大谤，患几及令尹。"令尹子常曰："是吾罪也，敢不良图？"乃杀费无忌，尽灭其族，以说其国⑩。动而不论其义⑪，知害人而不知人害已也，以灭其族，费无忌之谓乎！

---

① 左尹：楚官名，位在令尹之下。郄(xì 细)宛：字子恶。② 令尹：楚官名，为百官之长。子常：名囊瓦，令尹子囊之孙。③ 来辱：自谦之词，即来寒舍受辱。 ④ 因以为酬：乃以所陈甲兵为酬献。 ⑤ 飨：以酒食招待人。 ⑥ 惟：通"帷"，设帷帐。 ⑦ 动作者：动作二字不通，疑系"进胙"之误。(依王念孙说)指向国君进献祭肉的卿大夫。 ⑧ 沈尹戌：楚庄王的曾孙，姓沈，名诸梁，字子高。 ⑨ 夫：衍文。(依毕沅说) ⑩ 以说其国：以此取悦于国人。说，通"悦"。 ⑪ 不论其义：不讲道义。

崔杼与庆封谋杀齐庄公①。庄公死，更立景公，崔杼相之。庆封又欲杀崔杼而代之相，于是椓崔杼之子②，令之争后③。崔杼之子相与私哄。崔杼往见庆封而告之。庆封谓崔杼曰："且留，吾将兴甲以杀之。"因令卢满嫳兴甲以诛之④。尽杀崔杼之妻子及枝属，烧其室屋，报崔杼曰："吾已诛之矣。"崔杼归无归，因而自绞也。庆封相景公，景公苦之。庆封出猎，景公与陈无宇、公孙灶、公孙虿诛封⑤。庆封以其属斗，不胜，走如鲁。齐人以为让⑥，又去鲁而如吴，王予之朱方⑦。荆灵王闻之，率诸侯以攻吴，围朱方，拔之。得庆封，负之斧质，以徇于诸侯军⑧，因令其呼之曰："毋或如齐庆封，弑其君而弱其孤，以亡其大夫⑨。"乃杀之。黄帝之贵而死，尧舜之贤而死，孟贲之勇而死⑩，人固皆死，若庆封者，可谓重死

---

① 崔杼：齐大夫，棠公死，崔杼见其妻棠姜美，取为妻，后庄公与棠姜私通，崔杼杀庄公，立景公，自为相，后为庆封所杀。谥武子。庆封：齐大夫，字子家。齐庄公：名光。 ② 椓：通"嗾"，唆使，挑拨。 ③ 后：后嗣，继承人。 ④ 卢满嫳（pié 瞥）：齐大夫，一作"卢蒲嫳"，庆封的私党。 ⑤ 陈无宇：齐大夫，谥桓子。公孙灶：齐大夫：字子雅。公孙虿（chài 差）：齐大夫，字子尾。后二人为齐国宗室。 ⑥ 让：以辞相责。 ⑦ 朱方：春秋吴邑，在今江苏丹徒。 ⑧ 徇：巡行示众。 ⑨ 亡：通"盟"。 ⑩ 孟贲（bēn 奔）：春秋时勇士。

矣①。身为僇②，支属不可以见③，行忮之故也④。

凡乱人之动也，其始相助，后必相恶。为义者则不然，始而相与，久而相信，卒而相亲，后世以为法程⑤。

【翻译】

行为不能不仔细考虑。不仔细考虑，就像走入深谷，虽然后悔也来不及了。君子计划行动时考虑道义，小人计划行动时只求利，这正是不利。有人懂得不追求利实际上就有利于己，就可与他谈论道理了。

楚平王有个臣子叫费无忌，妒忌太子建，打算除掉他。平王为太子建在秦国娶了个妻子，很美，费无忌劝平王夺为己有。平王已经把她夺为己有了。便疏远了太子建。费无忌又劝平王说："晋国的称霸，是因为邻近中原各国，而楚国地处僻远，所以不能与晋国争霸。不如扩大城父的城池来安置太子，使太子据以谋求北方，大王您谋取南方，这样就可获得天下了。"平王很高兴，让太子居住在城父。过了一年，费无忌又诋毁太子建说："太子建和连尹伍奢将要在方城以北造反。"平王说：

① 重死：自身被戮，亲属不能保全而同死。 ② 僇：同"戮"。 ③ 支属：同"枝属"。见：当作"完"。（依王念孙说）保全。 ④ 行：施行。忮（zhì 至）：嫉恨。 ⑤ 法程：效法的标准。

"他已经成为我的太子了,还想要什么呢?"费无忌回答说:"他因为妻子被夺之事而怨恨,而且自以为像宋国一样处于受欺的地位,齐国、晋国又帮助他,将要以此危害楚国,这件事已谋划成功了。"平王听信了费无忌之言,派人逮捕了连尹伍奢,太子建逃出国外。左尹郄宛,楚国人很喜欢他。费无忌又想把他杀掉,对令尹子常说:"郄宛想请令尹您喝酒。"又对郄宛说:"令尹想在你家里喝酒。"郄宛说:"我是地位低贱的人,不值得令尹光临,假如令尹一定要屈驾光临,我将用什么东西来招待他呢?"费无忌说:"令尹喜欢铠甲兵器,你拿出来放在门口,令尹来了,一定会观赏甲兵,观后,你趁便将所陈甲兵献给他。"到了宴会的日子,郄宛在大门左右设置帷帐而将铠甲兵器放在其中。费无忌随即对令尹说:"我几乎害了令尹您。郄宛要杀您,铠甲放在门口了。"令尹派人去观察郄宛家,信以为真。于是攻击郄宛,把他杀了。国人因此大为埋怨,卿大夫没有不反对令尹这样做的。沈尹戌对令尹说:"那个费无忌啊,是楚国最会说坏话的小人啊!他使太子建流亡国外,杀死了连尹伍奢,遮蔽平王的耳目。如今令尹又用他,杀死了许多无罪的人,因此产生了对您极大的非难,祸患差不多要到您身边了。"令尹子常说:"这是我的罪过,我怎能不想个好办法来对付!"于是便杀了费无忌,把他一家人全部杀绝,以此取悦于国人。做事情而不讲道义，是只知害人而不知别人会害自己，以致家族覆灭，说的就是费无忌这样的人吧。

崔杼与庆封合谋杀害齐庄公。庄公死后，改立景公，崔杼做了景公的相。庆封又想杀死崔杼而自己为相，于是唆使崔杼的儿子们，让他们争当继承人。崔杼的儿子们互相兴兵争斗，崔杼去见庆封并告诉他这件事。庆封对崔杼说："你暂且留在这里，我将派兵把他们杀掉。"遂让卢满嫳起兵把他们诛灭，全部杀掉了崔杼的妻子儿女及旁系亲属，烧掉了崔杼的房舍，向崔杼报告说："我已经将他们杀掉了。"崔杼想回家已无家可归，便自缢而死。庆封做了齐景公的相，景公厌恶他。庆封外出打猎，景公与陈无宇、公孙灶、公孙虿起兵讨伐庆封。庆封率领他的属下进行抵抗，没有取胜，逃入鲁国。齐人以此责备鲁国，庆封又离开鲁国进入吴国。吴国把朱方封给他。楚灵王听说这件事，率领各国诸侯攻伐吴国，包围了朱方，并攻破了它。捉住了庆封，让他背着斧头与砧板在诸侯的军队面前巡行示众，并让他大喊道："谁也不要像我齐国的庆封那样，杀害他的君主而又欺凌他的遗孤，强令大夫结盟服从自己。"于是杀了庆封。黄帝那样高贵，尚且死亡；尧舜那样贤圣，尚且死亡；孟贲那样勇武，尚且死亡；人本来都有一死，像庆封这样的人，可以说死了两次。自身被杀，旁系亲属也不能保全，这是对别人进行嫉恨的缘故。

大凡乱臣贼子的故事，开始时互相帮助，后来必定互相憎恶。施行道义的人就不是这样，开始时互相友好，时间长了便互相信任，最后便互相亲近，后代以此作为效法的标准。

察　传

本篇选自《慎行论第二》。“察传”即对传闻要认真考察，因为传闻在辗转相传中会失实，甚至会出现“数传而白为黑，黑为白”的现象，“闻而不审，不若无闻”。特别是对人事的传闻，更应慎重，轻信传言，所任非人，会导致“国亡身死”的后果。文中举出“夔一足”、“丁氏穿井得一人”及“晋师三豕涉河”的故事，说明传闻之事极易被人曲解，以至出现荒唐的事。关于“察传”的方法，作者提出“凡闻言必熟论，其于人必验之以理”，“缘物之情及人之情以为所闻”，这多少包含一些科学调查研究的因素。

夫得言不可以不察。数传而白为黑，黑为白。故狗似玃①，玃似母猴②，母猴似人，人之与狗则远矣。此愚者之所以大过也。

闻而审，则为福矣；闻而不审，不若无闻矣。齐桓公闻管子于鲍叔③，楚庄闻孙叔敖于沈尹筮④，审之也，故国霸诸侯也。吴王闻越王勾践于太宰嚭⑤，智伯闻赵襄子于张武⑥，不审也，故国亡身死也。

凡闻言必熟论，其于人必验之以理。鲁哀公问于孔子曰："乐正夔一足⑦，信乎？"孔子曰："昔者舜欲以乐传教于天下，乃令重黎举夔于草莽之中而进之⑧，舜以为乐正。夔于是正六律⑨，和五声，以通八风⑩，而天下大服。

---

① 玃（jué 决）：大猴。 ② 母猴：又作"沐猴"，即猕猴，俗称猢狲。 ③ 桓公本欲立鲍叔为相，鲍叔自认为不如管仲，屡次让相而荐管仲，后桓公遂以管仲为相。 ④ 孙叔敖：楚庄王时担任令尹，辅佐庄王称霸。沈尹筮：人名，曾向楚庄王荐举孙叔敖。 ⑤ 太宰嚭：吴太宰伯嚭。 ⑥ 智伯闻赵襄子于张武：张武为智伯的家臣。他劝说智伯联合韩、魏以攻赵襄子，结果韩、赵、魏三家暗中联合，灭掉智氏。 ⑦ 乐正：乐官名。夔：人名，善音律，传说为舜的乐正。 ⑧ 重黎：相传为尧时掌握时令的官。 ⑨ 六律：古时乐律有十二，阴阳各六，阳为律，阴为吕。六律即黄钟、太蔟、姑洗、蕤宾、夷则、无射。 ⑩ 八风：八方之风。

重黎又欲益求人①，舜曰：'夫乐，天地之精也，得失之节也，故唯圣人为能和。乐之本也②。夔能和之，以平天下，若夔者一而足矣。'故曰'夔一足'，非'一足'也。"宋之丁氏，家无井而出溉汲③，常一人居外。及其家穿井，告人曰："吾穿井得一人。"有闻而传之者曰："丁氏穿井得一人。"国人道之，闻之于宋君。宋君令人问之于丁氏，丁氏对曰："得一人之使，非得一人于井中也。"求能之若此④，不若无闻也。子夏之晋，过卫，有读史记者曰："晋师三豕涉河⑤。"子夏曰："非也，是己亥也。夫'己'与'三'相近，'豕'与'亥'相似。"至于晋而问之，则曰"晋师己亥涉河"也。

辞多类非而是，多类是而非。是非之经⑥，不可不分。此圣人之所慎也。然则何以慎？缘物之情及人之情以为所闻，则得之矣。

---

① 重（chóng 虫）黎：相传尧时掌管时令，后为舜臣。② 乐之本也：当作"和，乐之本也"。③ 溉汲：灌溉打水。④ 能：疑当为"闻"。（依毕沅说） ⑤ 三豕涉河：本为己亥（干支纪日，表示渡河的时间）渡河，因"己"与"三"古文形近，"亥"与"豕"古文形近，故误传为三豕涉河，即三只猪过了黄河。⑥ 经：界限。

【翻译】

听到传闻之言不能不审察清楚。数次相传白的就成了黑的,黑的就成了白的。所以有狗像大猴,大猴像猕猴,猕猴像人的说法,实则人之与狗相差是很远的。这是愚蠢的人造成大错的原因啊。

听到传闻如果加以审察,就会带来好处;听到传闻如果不加以审察,就不如没有听到。齐桓公从鲍叔那里听到管仲的情况,楚庄王从沈尹筮那里听到孙叔敖的情况,对所听到的加以审察,所以他们的国家能称霸于天下。吴王夫差从太宰伯嚭那里听到关于越王勾践乞降的情况,智伯从张武那里听到关于赵襄子的情况,听到以后不加以审察,所以国破身亡了。

凡是听到传闻一定要仔细加以研究和了解,关于人的传闻一定要按照事理来验证。鲁哀公向孔子问道:"听说舜的乐正夔只有一只脚,是真的吗?"孔子说:"从前舜想用音乐把教化传布到天下四方,就让重黎把夔从民间举拔出来,推荐给朝廷,舜任用他为乐正。夔于是正定六律,和谐五声,以调和八方之风,因而天下完全归服大舜。重黎还想多找点像夔这样的人,舜说:'音乐是天地之间的精华,政治得失的关键,所以只有圣人才能使音乐和谐,而和谐是音乐的根本,夔能使音乐和谐并用以安定天下四方。像夔这样的人,有一个就足够了。'

所以说‘夔一足’，不是说他一只脚呀！”宋国一户姓丁的人家，家里没有井而要外出汲水，经常有一个人在外边专门汲水。等到他家挖了井，告诉人说：“我挖井等于得到一个人。”有人听到这句话传出去说：“丁氏挖井挖出一个人。”国人谈论这件事，并向宋国国君报告了。宋君派人向丁氏询问，丁氏回答说：“我说的是得到一个人的劳力，不是在井中挖出一个人来。”得来的传闻如果是这个样子，还不如没听到的好。子夏到晋国去，经过卫国，有一个读历史书的人说：“晋国军队三豕过河。”子夏说：“不对，是己亥。那个‘己’字与‘三’字形相近，‘豕’与‘亥’字形相近。”到了晋国一问这件事，晋国人果然说：“晋国的军队在己亥这天渡过黄河。”

言辞有许多类似错误而实际正确的，也有不少类似正确而实际是错的，是非的界限，不能不分清，这是圣人所慎重的问题。那么怎样才能做到慎重呢？就是要依据事物的性质和人的情理来考察听到的传闻，这样就差不多了。

贵　直

此篇选自《贵直论第三》。文章开宗明义地指出:“贤主所贵莫如士。所以贵士,为其直言也。”厌恶直言则是人主的大患。齐湣王因不能听取狐援的直言,反而杀了直言敢谏的狐援,最终遭到失败和灭亡。赵简子因听了烛过的逆耳直言,在战场上转败为胜,一句话的作用胜过兵车万乘,这一正一反的例证,很能说明“贵直”的重要性。

本篇中关于狐援蹶往受斮之事,与《忠廉》篇“诚辱则无为乐生”同旨,即韩非子所言“漆雕之议,行直则怒于诸侯”之意,据此可知此篇亦系漆雕、北宫、孟舍之言。

贤主所贵莫如士。所以贵士,为其直言也。言直则枉者见矣①。人主之患,欲闻枉而恶直言。是障其源而欲其水也,水奚自至?是贱其所欲而贵其所恶也②,所欲奚自来?

能意见齐宣王③。宣王曰:“寡人闻子好直,有之乎?”对曰:“意恶能直?意闻好直之士,家不处乱国,身不见污君。身今得见王④,而家宅乎齐,意恶能直?”宣王怒曰:“野士也!”将罪之。能意曰:“臣少而好事⑤,长而待之⑥,王胡不能与野士乎⑦,将以彰其所好耶?”王乃舍之。能意者,使谨乎论于主之侧,亦必不阿主。不阿⑧,主之所得岂少哉?此贤主之所求,而不肖主之所恶也。

狐援说齐湣王曰⑨:“殷之鼎陈于周之廷,其社盖于周之屏⑩,其干戚之音在人之游⑪。亡国之音不得至于

---

① 枉者:指邪曲之言,与直言相反。见(xiàn):显露。 ② 所欲:指闻枉。所恶:指直言。 ③ 能意:姓能,名意,齐国直言之士。 ④ 身今得见王:当作“今身得见王”。(依王念孙说) ⑤ 好事:指好直言。“事”当作“争”,因形近而误。(依陶鸿庆说) ⑥ 待:通“持”,保持。(见《说文通训定声》) ⑦ 与:通“以”,用。 ⑧ 不阿:当作“不阿主”。(依孙人和说) ⑨ 狐援:《战国策·齐策》作“狐咺”,《古今人表》作“狐爰”。《齐策》说他为齐负郭之民。齐湣王:齐宣王之子。 ⑩ 社:祭祀土神之处,也是国家政权的象征。屏:指屏障。 ⑪ 干戚之音:代指殷朝的宫廷音乐。在:当作“充”。(依许维遹说)

庙，亡国之社不得见于天，亡国之器陈于廷，所以为戒。王必勉之！其无使齐之大吕陈之廷①，无使太公之社盖之屏，无使齐音充人之游②。”齐王不受。狐援出而哭国三日，其辞曰：“先出也，衣絺纻③；后出也，满囹圄。吾今见民之洋洋然东走而不知所处④。”齐王问吏曰：“哭国之法若何？”吏曰：“斮⑤。”王曰：“行法！”吏陈斧质于东闾，不欲杀之，而欲去之，狐援闻而蹶往过之。吏曰：“哭国之法斮，先生之老欤？昏欤？”狐援曰：“曷为昏哉？”于是乃言曰：“有人自南方来，鲋入而鲵居⑥，使人之朝为草而国为墟。殷有比干，吴有子胥，齐有狐援。已不用若言，又斮之东闾，每斮者以吾参夫二子者乎⑦！”狐援非乐斮也，国已乱矣，上已悖矣，哀社稷与民人，故出若言。出若言非平论也，将以救败也，固嫌于危。此触子之所以

---

① 大吕：齐国钟名。 ② 齐音：指齐国的宫廷音乐。 ③ 衣絺纻（chī zhù 蚩住）：絺是用葛草织成的细布。纻是用苎麻织的粗布。絺纻是自由民穿的衣服，古时奴隶衣赭衣。此句言先出者尚可为自由民，后出者必为奴隶。 ④ 洋洋然：犹茫茫然。 ⑤ 斮（zhuó 浊）：斩。 ⑥ 鲋（fù 付）：小鱼。鲵：大鱼。这句话是隐语又是预言。陈奇猷认为有所指：淖齿自楚入齐，故说“有人自南方来”。淖齿以救齐为名而入齐，相湣王而杀湣王，如同小鲋之入齐，又如贼鲵之居于齐，故说鲋入而鲵居。 ⑦ 每斮者：指齐湣王。“每”通“谋”。（依陈奇猷说）参（sān 三）：作动词用，使比并为三。

去之也①，达子之所以死之也。

赵简子攻卫，附郭②。自将兵，及战，且远立，又居于犀蔽屏橹之下③。鼓之而士不起。简子投桴而叹曰："呜呼！士之速弊一若此乎！"行人烛过免胄横戈而进曰④："亦有君不能耳，士何弊之有？"简子艴然作色曰⑤："寡人之无使，而身自将是众也，子亲谓寡人之无能，有说则可，无说则死！"对曰："昔吾先君献公即位五年，兼国十九，用此士也。惠公即位二年，淫色暴慢，身好玉女，秦人袭我，逊去绛七十⑥，用此士也。文公即位二年，底之以勇⑦，故三年而士尽果敢；城濮之战，五败荆人，围卫取曹，拔石社⑧，定天子之位，成尊名于天下，用此士也。亦有君不能耳，士何敝之有？"简子乃去犀蔽屏橹，而立于矢石之所及，一鼓而士毕乘之⑨。简子曰："与吾得革车千乘也⑩，不如闻行人烛过之一言。"行人烛过可谓能谏其君矣。战斗之上⑪，桴鼓方用，赏不加厚，罚不加重，一

---

① 触子：与下句的"达子"，都是齐湣王之臣。 ② 附郭：逼近外城。 ③ 犀蔽屏橹：当作"犀蔽犀橹"。（依陈奇猷说）犀蔽即用犀牛皮做的屏障。犀橹即用犀牛皮蒙的大盾。 ④ 行人：官名。烛过：人名。 ⑤ 艴（fú弗）然作色：因盛怒而脸变色。 ⑥ 逊：逃遁，退。去：离开。七十：当作"七十里"。（依陈奇猷说） ⑦ 底：通"砥"，磨砺。 ⑧ 石社：地名。 ⑨ 乘：登，指登上敌城。 ⑩ 与：与其。革车：兵车。 ⑪ 战斗之上：犹战斗之间或战斗之时。

言而士皆乐为其上死。

【翻译】

贤明的君主所贵重的莫过于士人。尊崇士人的原因,是因为他们直言不讳。直言不讳邪曲就显现出来了。君主想闻知邪曲又厌恶正直之言,这就如同堵塞水源而想得到水,水从哪里来?这就等于轻贱自己所要得到的东西而尊尚自己所厌恶的东西,所要得到的东西又从何而来呢?

能意见到齐宣王。宣王说:“我听说你喜欢正直,有这回事吗?”能意回答说:“我哪能做到正直呢?我听说喜欢正直的士人,家不住在政治混乱的国家,自身不见污浊的君主。现在我能见到您,而举家又住在齐国,我怎么能正直呢?”宣王生气地说:“真是个粗野的人啊!”打算治他的罪。能意说:“我少年时代就好直言,年长以后仍保持这种做法,您为什么不能听取粗野之人的言论,来表彰他们的爱好呢?”宣王于是赦免了他。像能意这样的人,如果让他在君主身边谨慎地议事,也必定不会曲承君主之意,君主从他身上得到的东西难道会少吗?这是贤明的君主所期求的,而又是不肖的君主所厌恶的啊。

狐援劝谏齐湣王说:“殷朝的九鼎陈放在周的朝廷

中，殷的神社被周人盖了房屋覆盖上，它的宫廷舞乐被人们充当游乐之物。丧亡国家的音乐不准进入宗庙，丧亡国家的神社不准见天日，丧亡国家的鼎器陈放在朝廷中，这是用来作为后人的警戒的。大王您一定要勉励自己啊！不要让齐国的大钟陈放在别国的朝廷中，不要让姜太公建立的神社被人覆盖上房屋，不要让齐国的音乐充作别人的游乐之物。”齐王不接受他的劝谏。狐援离朝在国都痛哭了三日，他哭道：“先离开的，尚可穿粗布衣；后离开的，都要进监狱。我将要目睹人民茫茫然东逃，而不知何处可居。”齐王向臣属问道：“哭国家灭亡的人按法律应当如何对付他呢？”属吏说：“应当斩首。”齐王说：“执行法律吧！”属吏在齐国的东门摆上了斧头和砧板，不想杀死他，而想吓跑他。狐援听说此事便跌跌撞撞地走到齐国的东门。属吏说：“哭国家灭亡的人按法当斩，先生您是老糊涂了，还是头脑发昏了？”狐援说：“怎么是头脑发昏呢？”于是便开口说道：“有人从南方来，进来时像条小鲫鱼，住下以后却像吞食小鱼的鲸鲵那样凶残，使别人的朝廷变成荒草地、国都变成废墟。殷朝有个被纣王剖心的比干，吴国有个被夫差杀死的伍子胥。齐国有个狐援，既不听我的话，又要把我在齐国东门杀掉，想要杀我的人是使我同比干、子胥比并为三吧。”狐援不是乐于被杀掉，国家已经混乱了，君主已经昏愦了，他哀痛国家和人民，所以说出这样的话来。说出这样的话并不是议论时政，而是要以此来挽救国家的危亡，所以必然近乎危言耸听。这就是触子所以逃出齐国，达子所以战败而死于齐难的原因啊！

赵简子攻打卫国，已经逼近外城。他亲自统率军队，到了交战之时，自己却站得远远的，又躲在用犀牛皮做的屏障和盾牌下边，简子击鼓进军而士卒动也不动。简子扔下鼓槌而叹息说："唉呀！士气衰败竟是如此迅速。"行人烛过摘下头盔横拿着戈走到简子面前说："这也有您做得不对的地方呀，士气有什么败坏之处呢？"简子气得勃然变色，说："我没有派别人，而是率领这些人马，你当面说我有做得不对之处，有理可说就算了，说不出道理来就治你死罪！"烛过回答说："昔日我们的先君晋献公即位五年之中，兼并了十九个国家，就是用的这些士卒。惠公即位二年后，过分追求声色，残暴傲慢，喜爱美女，秦人袭击我们，晋军退却到离国都绛城只有七十里路的地方，也是用这些士卒。晋文公即位二年，以勇敢来磨练士卒，所以到了第三个年头士卒全都很坚强勇敢，城濮战役，五次打败楚国人，围攻卫国，夺取曹国，攻破了石社，安定了周王王位，在普天之下树立霸主的尊号，也是用这些士卒。您也有做得不对之处，士气有什么败坏之处呢？"简子于是离开了屏障和盾牌，而去站在敌人的箭矢石砮所能射到的地方，一击鼓士卒就全部登上了城墙。简子说："与其让我获得兵车千辆，不如让我听取行人烛过的一句话。"行人烛过可以称作善于劝谏他的君主的人了。正当战斗开始击鼓进军的时候，赏赐没有增加，刑罚没有加重，一句话说得士卒们都乐于为他们的主上而效死。

上　　农

《上农》选自《士容论第六》，主要阐述农业生产的重要性。我国古代一向把农业当作“本”，而把工商当作“末”，有重农抑商的倾向，这与古代商品经济不发达有关。文章指出，重农不只是为土地生产之利，而且可以使民朴易用，而且有“少私义”、“公法立”、“边境安”、“主位尊”等多种好处。作者主张通过农业政策，将农民作为专门从事农业劳动的人手固定在土地上，专一务农，“死其处而无二虑”。文中强调不违农时的重要，反对因大兴土木、大动干戈而侵夺农时，强调制定“野禁”与“四时禁”，这些对农业生产是有利的。

据夏纬瑛先生考证：本篇与其后的《任地》、《辩土》、《审时》等四篇大致取材于后稷农书，该书早佚，不为《汉书·艺文志》所录，这说明这些材料乃我国最古的农书，颇具系统，是研究我国战国时期农业的珍贵材料。

古先圣王之所以导其民者，先务于农。民农非徒为地利也①，贵其志也。民农则朴，朴则易用，易用则边境安，主位尊。民农则重②，重则少私义③，少私义则公法立，力专一。民农则其产复④，其产复则重徙，重徙则死其处而无二虑。舍本而事末则不令⑤，不令则不可以守，不可以战。民舍本而事末则其产约⑥，其产约则轻迁徙，轻迁徙则国家有患皆有远志⑦，无有居心。民舍本而事末则好智，好智则多诈，多诈则巧法令，以是为非，以非为是。

---

① 农：作动词用，务农。 ② 重：持重，稳重。 ③ 私义：指与“公义”不合的私家言行标准。 ④ 产复：产业繁多。 ⑤ 本：指农业。末：指工商。不令：不听从号令。 ⑥ 约：少。指农产品减少。 ⑦ 远志：远徙他处的想法。

后稷曰[1]："所以务耕织者，以为本教也[2]。"是故天子亲率诸侯耕帝籍田[3]，大夫士皆有功业[4]。是故当时之务，农不见于国[5]，以教民尊地产也。后妃率九嫔蚕于郊，桑于公田，是以春秋冬夏皆有麻枲丝茧之功[6]，以力妇教也。是故丈夫不织而衣，妇人不耕而食，男女贸功以长生[7]，此圣人之制也。

故敬时爱日，非老不休，非疾不息，非死不舍。上田[8]，夫食九人[9]，下田，夫食五人，可以益，不可以损。一人治之，十人食之，六畜皆在其中矣[10]。此大任地之道也[11]。

故当时之务，不兴土功，不作师徒[12]，庶人不冠弁[13]、

① 后稷：传说为周族的始祖，名弃，尧时的农官，周族认为他是开始种稷和麦的人。所引"后稷曰"云云，当系古农书之言，为后人伪讬。 ② 本教：根本的教化。 ③ 籍田：古代天子诸侯征用民力耕种的田，天子千亩，诸侯百亩。 ④ 功业：职事。此指士大夫在举行籍田之礼时所要完成的劳动。如"天子三推，三公五推，卿诸侯大夫九推"。 ⑤ 见(xiàn 现)于国：在都邑出现。 ⑥ 枲(xǐ 洗)：麻的雄株。 ⑦ 贸功：交换劳动所得。 ⑧ 上田：上等土地。 ⑨ 夫：指一个男劳力所耕种的田地。食(sì)：供养。 ⑩ 六畜皆在其中矣：这是说饲养六畜所需的土地也在"夫田"之中。 ⑪ 任地：使用土地。 ⑫ 师徒：指军队。 ⑬ 冠(guàn 贯)弁(biàn 变)：此指举行冠礼。古代男子二十岁时要举行冠礼，以示成年。

娶妻、嫁女、享祀，不酒醴聚众；农不上闻①，不敢私籍于庸②。为害于时也。然后制野禁③。苟非同姓，农不出御④，女不外嫁，以安农也。野禁有五：地未辟易⑤，不操麻，不出粪；齿年未长⑥，不敢为园囿；量力不足，不敢渠地而耕⑦；农不敢行贾；不敢为异事。为害于时也。然后制四时之禁：山不敢伐材下木，泽人不敢灰僇⑧，缳网罝罦不敢出于门⑨，罛罟不敢入于渊，泽非舟虞不敢缘名⑩。为害其时也。若民不力田，墨乃家畜⑪。国家难治，三疑乃极⑫。是谓背本反则，失毁其国。

凡民自七尺以上，属诸三官⑬：农攻粟，工攻器，贾攻货。时事不共，是谓大凶⑭。夺之以土功，是谓稽⑮，不

---

① 上闻：名通于天子。 ② 私籍于庸：私自雇人代耕。 ③ 野禁：有关田野的禁令。此句当在“野禁有五”句上。 ④ 农：农夫。出御：从外地娶妻。 ⑤ 辟易：整治。 ⑥ 齿年：年龄。长（zhǎng 掌）：指年高、长辈。 ⑦ 渠：大，扩大。 ⑧ 泽人：“人”字为衍文。灰僇：杀草烧灰。“僇”通“戮”。（用谭介甫说） ⑨ 缳（xuàn 绚）：捕兽之具，与罗网同类。罝（jū 居）：捕兽网。罦（fú 孚）：捕鸟网。 ⑩ 舟虞：管理舟船的官。缘名：“名”当为“绝”之讹。“绝”有横渡之意。缘绝即绕泽而行或乘舟横渡（用陈奇猷说）。 ⑪ 墨乃家畜：没收其家庭财产。“墨”通“没”。“畜”通“蓄”，积蓄。 ⑫ 三疑乃极：指农、工、商三类人互相超越本分而达到极点。 ⑬ 三官：指农、工、商三种职业。 ⑭ 大凶：大害。指农时与农事不合则致害。 ⑮ 稽：迟。指延误农时。

绝忧唯①，必丧其秕②；夺之以水事，是谓籥③，丧以继乐④，四邻来虚⑤；夺之以兵事，是谓厉⑥，祸因胥岁⑦，不举铚艾⑧。数夺民时，大饥乃来。野有寝耒⑨，或谈或歌，旦则有昏，丧粟甚多。皆知其末，莫知其本真。

【翻译】

古代圣王用来引导老百姓的方法，首先是让他们从事于农业。人民从事农业不只是为了土地的出产，而更重要的是使他们具有专门从事农业的心志。人民从事农业思想就纯朴，纯朴就容易被使用，容易使用边境就会安全，君主的地位就会尊崇。人民从事农业就会稳重，稳重就会少些个人的道理，少些个人的道理国家的法令就建立起来了，民力也能专一了。人民从事农业家产就繁多，他们的产业繁富就不会轻易迁徙，把迁徙看

① 不绝忧唯：指农民忧思不绝。“唯”通“惟”，思虑。② 秕（bǐ 比）：没有长成的谷粒。③ 籥：通“跃”，即今所谓“冒进”。上文“水事”指治水利之事，治水当在农闲之时，若夺农时，就叫冒进（用夏纬瑛说）。④ 这句是说夺农时而治水利，将失去收成，本为可悲之事，却乐而为之。⑤ 虚：当为“虐”之误。⑥ 厉：祸害。⑦ 胥岁：荒废岁月。“胥”通“疏”（用陈奇猷说）。⑧ 铚艾：镰刀之类。⑨ 有寝耒：指耒耜等农具无人使用。

得很重即使死在故土也不会有其他的想法。人民舍弃农业而从事工商就会不听号令,不听号令就不能依靠他们防守和攻战。人民舍弃农业而从事工商他们的收成就会减少,收成减少就会轻于迁徙,轻于迁徙,在国家有难时就都想远走他乡,没有安土重迁之心。人民舍弃农业而从事工商就会爱好智术,爱好智术就会诡诈多端,诡诈多端就会机巧地应付法令,把对的说成错的,错的说成对的。

后稷说:“所以要从事耕田织布,是因为要把耕织当作根本的教化。”所以天子亲自率领诸侯耕种籍田,士大夫在举行籍田之礼时都要完成自己的劳动量。因此在农忙的时候,农民不出现于都邑,以此教育农民重视农田的生产。后妃率领众多的嫔御宫女在郊外养蚕,在公田中采桑,因而春夏秋冬四季都有绩麻缫丝理茧等事情要做。以此致力于对妇女的教化。所以丈夫不织布而有衣穿,妇女不耕田而有粮吃,男女交换各自的劳动成果以此来延续生命。这是圣人的法制。

所以要重视农时爱惜光阴,不到年老不停止劳动,不患疾病不得休息,不到死不舍弃农事。种上等地的每个农夫所耕之田要供养九个人,种下等地的每个农夫所耕之田要供养五个人,供养的人可以增加,不可减少。一人种田,供十人吃饭,饲养的各种家畜也包括在这个数目内。这是使用土地的重要方法。

所以正当农事大忙的时候，不要大兴土木，不要兴兵作战，平民百姓不应当举行冠礼、娶妻、嫁女、祭祀，不得聚众饮酒。农民如果其名没有上闻于天子，不得私自雇人代耕。因为这些事情是有害于农时的。如果不是因同姓不能通婚，不得从外地娶妻，女子不准外嫁，以便使农民安居于原地。然后制定关于乡野的禁令。乡野的禁令有五条：土地尚未平整，不得绩麻；不得搞积肥；年龄未老之时，不得从事园圃的劳动；力量不足，不得扩大耕地面积；农民不得从事商业活动，不得做务农以外的事。因为这些都是有害于农时的。然后制定四季的禁令：什么季节山中不得伐木取材，什么季节水泽地区不得烧荒割草。什么季节捕鸟兽的罗网不得带出门外，什么季节鱼网不得下水，不是管船官不得乘船绕行和横渡水泽。因为这些如不禁止就有害于农时。如果老百姓不努力种田，就没收他家中的积蓄。如果农工商互不守本分而达到极点，国家就难以治理了。这就叫背离根本违反法规，其过失将毁灭国家。

凡是七尺以上的成年男子，都要隶属于农工商三种职业：农民生产粮食，工匠制作器物，商人以货物贸易。农时与农事不互相配合，就叫做大祸害。以大兴土木而侵夺农时，叫做稽迟误事。农民就会忧思不断，这就必定连秕谷也收不到；以兴修水利来侵夺农事，这就叫冒进，这本是可悲之事而乐于为之，四邻之国就要乘机而来施行暴虐了。以兴兵作战来侵夺农时，叫做虐害。兵连祸接而荒废岁月，农民长年不拿镰刀锄头，多次侵夺农时，巨大的饥荒就要来了。田野到处有闲放的农具，农民有的闲聊天，有的唱小调，早晚都如此，这样损失的粮食就太多了。这都是只知道细微末节而不知以农为本的真谛所造成的。

《古代文史名著选译丛书》编纂始末[①]

马樟根　安平秋

今年1月,《古代文史名著选译丛书》已经出到100种101册(其中《史记》为2册)。4月份,最后的33种也已交稿。这样,全书133种即将呈献在读者面前。[②] 一项服务当前、造福子孙的普及优秀古代文化、进行爱国教育的大工程将宣告完工了。回想

---

①《古代文史名著选译丛书》由全国高校古籍整理研究工作委员会主持,古委会直接联系的18个古籍整理研究所为主要承担机构,章培恒、安平秋、马樟根任主编。本文于1992年4月,在《中国典籍与文化》杂志发表时题目是《衣带渐宽终不悔——〈古代文史名著选译丛书〉编纂始末》。这次将此文作为2011年修订版附录时,去掉原正标题,以原副标题为正式题目。 ② 至1994年4月最后定稿时,全书为135部。2011年修订版出版时,全书为134部。

这一套丛书动员18所院校，投入100余人，从1985年筹划，1986年起步，到今天已度过了六七年的岁月，个中甘辛令人难以忘怀。

一、北大·苏州·北大

——酝酿与筹划

编纂这样一套丛书，起因于1981年7月。当时陈云同志派人到北京大学召开了小型座谈会。来人告诉与会人员陈云同志最近在考虑两个问题：一个是粮食，一个是古籍整理。对古籍整理，特别讲到陈云同志说："整理古籍，为了让更多的人看得懂，仅作标点、注释、校勘、训诂还不够，要有今译，争取做到能读报纸的人多数都能看懂。有了今译，年轻人看得懂，觉得有意思，才会有兴趣去阅读。今译要经过选择，要列出一个精选的古籍今译的目录，不要贪多。"这就是后来收入《陈云文选》的那段话。1981年9月，中共中央关于整理我国古籍的文件中一字不差地强调了这段话。1983年，教育部成立了全国高校古籍整理研究工作委员会(简称古委会)。古委会主任周林同志根据中央和陈云同志意见，提出了组织力量今译古籍。但在当时，经过"文革”后的古籍整理工作百废待兴，加之一些学者对今译重要性的认识远非今日之深，这一工作一拖便是两年。

1985年5月，全国高校古委会在苏州召开了一届二次会议。周林同志在会上作了“人才培养和古代文化遗产普及问题”的专题发言，他分析了“解放三十多年来，由于‘左’的路线干扰，特别是‘文化大革命’，几乎使我们的民族文化到了中断的边缘，出现了对古代文化知之不多，或知之甚少的状况”，要教育界的同志“做好普及古代文化知识的工作”，搞好古籍的今注今译就是其中的一项重要任务，“高校古委会要在这方面多下功夫”，“高校古籍研究所无疑应担负起这个任务”。他针对当时一些人轻视古籍的今注今译思想，呼吁“我们对于选本、今译等有利于教育普及的东西，应承认它的学术价值”，“《昭明文选》、《唐诗三百首》、《古文观止》等是地道的选本，流传几百年，发生那么大的影响，能说没有水平?”“专家们深入浅出的在对古文献研究基础上的译注，对普及古代优秀文化作出重大贡献，算不算高水平的成果呢?”“古文既要译得恰当、准确，又要通畅易懂，难度是很大的”，“为了社会主义精神文明建设，古籍整理这方面也要作出应有的贡献”。一石激浪，沉寂了几年的今译古籍的话题又重新活跃起来。会上作了一番认真讨论。

经过这样的酝酿，1985 年 7 月，全国高校古委会科研项目评审组的专家们聚集在北京大学勺园，筹划编纂一套古籍今译的精选本。初步定名为《古籍今译丛书》，议定了收书范围、内容，开列了 65 种书的选目。并决定由科研项目专家评审组召集人、复旦大学古籍所所长章培恒教授和参加过陈云同志在北大召开座谈会、当时古委会主管科研工作的副秘书长安平秋同志共同负责，与秘书处同志一起具体筹划。经几个月的筹备，决定由古委会直接联系的 18 个高校古籍研究所承担这一工作，组成编委会，并开列出 89 种书的选目，对选译的进度、规划亦作了设计。此时，几家出版社闻讯而至，表示愿意出版这套丛书。最早与我们联系的巴蜀书社的段文桂社长以其强烈的事业心和对古籍今译的高度重视感动了我们，于是决定邀请巴蜀书社编辑参加第一次编委会议。

二、从柳浪闻莺到桂子山上

——第一批书稿的产生

第一次编委会于 1986 年 5 月在杭州柳莺宾馆

召开。宾馆因位于西湖十景之一的柳浪闻莺而得名。全国高校18个研究所的24名学者和有关人员聚集在这风景胜地,无心观柳,亦无从闻莺,紧张地工作了三天。会上确定了这套普及读物的读者对象是具有中等以上文化程度的广大群众,收书范围是中国历代文史名著,在名著之中选精。所选书目,在原拟89种基础上,调整为116种,以形成系统性。书中选篇之下分提示、原文、今译、注释四部分,以译文为主,书前有一前言,书中加入必要的插图。每一种书约10—15万字。书名确定为《古代文史名著选译丛书》。即由到会的24位学者组成丛书编委会①,由章培恒、马樟根、安平秋三人任主编。于是,编委会立即分成三个工作小组,在会上分头拟出丛书《凡例》、《编写、审稿要求》和《文稿书写格式》,经讨论修改而形成了正式文字以供遵循。在

① 编委会成员按姓氏笔划排列为:

马樟根　平慧善　安平秋　刘烈茂　许嘉璐　李国祥
金开诚　周勋初　宗福邦　段文桂　董治安　倪其心
黄永年　章培恒　曾枣庄(以上为常务编委)
王达津　吕绍纲　刘仁清　刘乾先　李运益　杨金鼎
曹亦冰　常绍温　裴汝诚(以上为编委)

自报的前提下，会上确定了由18个研究所承担前40部书的今译任务，要求当年年底完成。古委会主任、丛书顾问周林同志对编委会的认真精神、紧张工作和显著效率十分赞赏，他说："有这样一个编委会，有这样一个阵容来做选译，使中国历史文化不成为专属于少数人的知识，使能看报纸的人都读懂自己民族的名著，从而树立爱国主义、建设有民族特色的精神文明，其意义之深远将会在今后愈益显露出来。"于是，有1000余万字的大工程便从这里开始了。

当年年底各研究所的今译书稿经作者完成后，由在该所的编委审改，到1987年5月和7月，先后在复旦大学、北京大学两次召开编委审稿会。这种审稿会，说是审稿，实际上是边审边改，字斟句酌，每部书稿必须经一位编委、一位常务编委审改把关，经过这样两道工序，汇总到主编手中，40部书稿通过了25部。其中部分书稿赶印了样稿征求意见。于是周林同志于7月6日在北大临湖轩邀请了在京十几位专家与正在审稿的编委一起研究样稿，探讨如何提高这套今译丛书的质量。

根据编委审稿发现的问题和在京专家们的意

见，丛书亟需在已定体例的框架中条列细则；而出版单位巴蜀书社又希望所出版的第一批书为50种以便形成格局，需要布置各研究所承担新的今译任务。这样，1987年10月在华中师范大学再次召开了编委会，又请了詹锳、周振甫、刘乃和、郭预衡等先生到会指导。

这次编委会是在审看了40部书稿后，发现了一大批问题亟待解决，又是在需要布置下一步任务的状况下召开的，是一次承上启下的编委会。会议初期人们的心情和会上的气氛都带有一股子严峻与急切。会议从5日到8日开了三天半。但是在4日晚上开预备会的时候，主编章培恒先生尚未到会，亦无他是否已从上海出发的信息。5日上午就要开会了，主编不到怎么行呢？5日一早，我们还在沉睡之中，忽听有人敲门，进来的竟是章培恒！一向风神儒雅、衣装考究的章培恒先生，此时却是一身尘灰、满脸疲惫地站在我们面前。原来他从上海出发前，未能买到机票或船票，而上海到武汉又没有直达火车，只好先从上海坐火车到长沙，为了不误5日上午开会，他只好买了一张无座票，夜间从长沙出发一直站到武昌。一向走路辨不清方向的章培恒竟然在夜色未退之前一人从车站摸到了华中师大专家楼，也算是奇迹。

这次编委会，从体例的具体要求、书中选篇是否合适、每篇中的提示如何写、注释的繁简和语言的通俗性，到今译的信达雅如何把握，例如李白的"床前明月光，疑是地上霜，举头望明月，低头思故乡"这样通俗的诗是否要翻译，在在都有热烈的争论。感谢编委们的努力和学术判断力，最后终于形成了一个《细则》，一切争论都统一在这个《细则》之上。编委们在思想明确、分得新的任务之后，显出了少有的轻松与喜悦。会议结束正逢中秋节，华中师大的专家楼坐落在武昌桂子山上。入夜，桂子山上举行了赏月茶会，几张方桌，围坐着全体编委和特邀到会专家。天上明月如盘，清辉洒地，眼前桂树葱茏，桂花飘香，华中师大古籍研究所的青年们活跃席间，引得王达津先生即席赋诗，刘乃和先生清唱京戏。这气氛预示着《古代文史名著选译丛书》克服了当前的困难，第一批50种书稿有如母腹中的胎儿，快要降生了。

三、华清池畔的愁云与人民大会堂的欢欣

——第一批书出版的柳暗花明

1988年10月，编委们再一次聚会，审定第一批

50种中的最后十几部书稿、修改第二批50种中的大量书稿。这次审稿是在“东枕华山、西拒咸阳”的骊山脚下、华清池滨的一家招待所。这里古朴而不豪华，食宿低廉却又实惠，审稿之余，左近有风景可观，有古迹可寻，房内有43℃的温汤沐浴，编委们平日在校教学、科研工作劳累而生活清苦，如今有这样的环境与条件，感到少有的惬意。我们作为主编觉得这也是对编委们两年来辛勤编书的一点补偿。但这种适意之感很快就被两件事所驱散。一件事是书稿的质量。几十部书稿交来，一经审看，从注译到体例完全合格的只有寥寥可数的三四部，余下的，或需小改，或需大改，或根本不合格需退回重作。另一件事是出版发行成了问题。到会的巴蜀书社副社长黄葵同志向大家通报了即将印出的16本书征订情况，最多的为2000册，且只有一种，其他的只有800册、600册，甚至还有200余册。征订不佳，销路不畅，出书要赔钱，出版社为难，编委们又无计可施。此时哪还有心思去观赏“骊山云树郁苍苍，历尽周秦与汉唐”？也无心绪登上骊山，在烽火台前怀古。且正值“楼台八月凉”的节令，只有华清池畔秋雨飘零，秋风瑟瑟，落叶满地，不禁愁从中来。

愁则愁，还得面对现实。书稿质量不高，靠到会近20位编委十余天的逐字逐句修改，终于改定合格17部。至于出版发行问题，巴蜀书社的朋友费心经营，重新设计了封面，改进装帧，将第一批50种装成一个大礼品盒，成盒出售。从中又得到了国家新闻出版署、四川省出版局、国家教委有关司局和各省市教委的大力支持与帮助，发行面得以扩大，到了1990年下半年，首印的17000套书销售已尽，而问讯、索购者不绝，出版社决定再印30000套以供读者需要。中央领导了解到这套丛书受到读者欢迎，欣然为丛书题辞，江泽民总书记的题辞是“做好我国古代文史名著的传播普及工作，使其古为今用，以发扬爱国主义精神”，李鹏总理的题辞是“弘扬民族优秀文化，激励爱国主义精神”。李瑞环同志也为丛书题了辞。

1990年8月22日在北京人民大会堂召开了《古代文史名著选译丛书》出版座谈会。国家领导人李铁映、胡乔木、李德生、陈丕显、廖汉生、王汉斌、王光英出席，古委会主任周林同志主持会议，到会各阶层代表在发言中从不同角度肯定了这套书对促进青少年了解历史、了解国情、了解中华民族优秀传统文化、进行爱国主义教育的作用。时值盛夏，却逢喜雨，洗却了编委和出版社同志心中的忧虑，参加大会堂座谈会的13名常务编委会后又聚集在北京大学讨论深入认识编纂这套丛书的重大意义，研究审改好第二批书稿的具体措施。

四、从舜耕山庄耕作到乐山脚下

——第二批书稿审定之艰辛

第二批书稿50种50册，是1987年10月布置的。1988年10月在西安审改合格的17部书稿都已放入第一批中以替换原已通过的第一批中质量较差的书稿。这样，第二批书稿当时余下的已完成的有20余部，却都不合格，只能要求译注者和编委再行修改。一年之后，编委会汇总来重新改好和新译注交来的第二批书稿44部，1989年10月于济南千佛山下的舜耕山庄召开了常务编委审稿会。

这次审稿，发现的问题较多。有的选目不当，如有的史书重要人物的传不选却选入无关紧要而又无学习价值的人物传，有的名家的文章名篇不选却选入既无文学价值又无借鉴意义的篇章。有的选译所依据的底本不当，舍弃现有的精校本却用校勘不善的本子。有的虽有根据地改动正文却只在注释中说“原作……据别本改”，而不指明据何本改。有的注释过繁，不利于一般读者阅读；有的注释极简，该注释的地方不注，使广大读者看了译文仍无法理解全文的精妙；而更多的是注释不准确，对一字一词增字为训而歪曲了原意的毛病也较普遍。译文问题更多，有的语义不清，佶屈聱牙，把“三顾频烦天下计，两朝开济老臣心”译为“三顾茅庐频烦为天下大计，两朝事业开济尽老臣忠心”，有的为追求通俗生动把“君何往”中的“君”译为“老兄”。每篇的提示，有的写得很长变成了文章赏析，有的虽短却不中肯綮，用了类似“文革”期间的语言扣几顶大帽子了事。看这样的稿子都觉头痛，改这样的稿子更感艰难。审稿历时 12 天，参加审稿、当时 63 岁的黄永年先生向我们诉苦：“头发掉了一把！”有的编委说，千佛山古称历山，传说舜在这里开垦耕耘，十分艰辛，我们住在舜耕山庄，预示着我们为这套丛书垦荒笔耕，也要历尽千辛。这次审稿，经过审改之后，有 10 部书稿合格，有 11 部需会后再作小的修改方能通过，余下的均需作大的改动或另请人译注。

这次审稿还研究了所选戏曲部分的曲辞如何今译问题，如规定了念白中出现的诗句只注不译，上、下场诗只注不译，注而不译的文字在译文中应予保留以便参读。

到1990年12月，丛书常务编委在广州研究丛书如何体现批判继承精神、如何提高第二批书稿质量时，又有18部书稿完成交来。为了保证书稿质量，使1991年上半年召开的常务编委审稿会得以顺利进行，我们三个主编从广州匆匆赶到北京，用了一周时间审看了这18部书稿，通过了7部，11部退改。当我们看完最后一部书稿碰头研究时，已是12月31日。在1990年一年内，我们仅仅通过了这7部书稿。加上1989年在舜耕山庄通过的10部，也仅有17部，尚差33部方足第二批的50部。

1991年5月，常务编委来到古称嘉州的乐山市，在乐山山腰的八仙洞宾馆继续审改第二批书稿。改稿时间只有十天，要力争将50部推出，其繁重可知。我们在改稿过程中，不禁想到明万历年间嘉州知州袁子让的诗句“登临始觉浮生苦”，想到这套丛书从起步到这次审改已历时5年，当初怎么也没有想到完成这套丛书会是如此的艰辛，真是登临始觉笔耕苦啊!

这次乐山审稿,通过了13部书稿。好在余下的20部书稿只须小改即可在会后交稿,终于在1991年8月将这20部书稿全部改定交巴蜀书社。第二批50部历时近四年终于定稿了。

五、在金陵古都作光辉的一结

——第三批书稿的完成

1990年12月据出版社的要求,这套丛书出齐当为150种,到乐山会上又修正为110种至125种,最后数字的确定根据最后一次审稿结果而定,合格的即入选,不合格的不再修改选入。根据这一共识,今年4月中旬,我们一部分常务编委聚集到六朝古都南京,从已经交来的35部书稿中选择经小改合格的书稿。经过十一天的劳作,选择、改定33部,由到会的常务编委、巴蜀书社的段文桂总编和编委、巴蜀书社的刘仁清副编审带回成都,将经由他们的继续辛苦而使《古代文史名著选译丛书》以133部、1500万字之数呈献给热爱中华文化的读者。

这套丛书从1986年5月起步,历时整整六年,平日繁细工作不计,仅编委大小审稿会就开了12次之多。丛书的发起人、顾问、古委会主任周林同志先后参加了8次审稿会,每次都自始至终和大家在一起,听取审稿情况,了解遇到的问题;当我们遇到困难的时候他为我们鼓劲,当我们感到欣喜的时候他提醒我们不可大意。这次他又和我们一起来到虎踞龙蟠的石头城下,为我们督阵,看我们能否为这套丛书作出光辉的一结。

此时此刻,我们与这次会议的东道主、丛书常务编委、南京大学的周勋初先生漫步在中山陵旁,想到今译丛书已基本完成,自然感到如释重负,但理智却使我们不敢轻松,我们期待着全书133部出齐之后专家、读者的评头品足。

1992年4月26日

(原载《中国典籍与文化》1992年第1期)

古代文史名著选译丛书(修订版)总目

丛书主编:章培恒　安平秋　马樟根

书　名	译注者	审阅者	定价/元
老子注译	张玉春　金国泰	安平秋	16.00
庄子选译	马美信	章培恒	18.00
荀子选译	雪　克　王云路	董治安　许嘉璐	19.00
申鉴中论选译	张　涛　傅根清	董治安	18.00
颜氏家训选译	黄永年	许嘉璐	15.00
论语注译	孙钦善	宗福邦	28.00
孟子选译	刘聿鑫　刘晓东	黄　葵	20.00
墨子选译	刘继华	董治安	14.00
韩非子选译	刘乾先　张在义	黄　葵	19.00
新序说苑选译	曹亦冰	倪其心	25.00
论衡选译	黄中业　陈恩林	许嘉璐	22.00
管子选译	缪文远　缪　伟	董治安	18.00
列子选译	王丽萍	周勋初　倪其心	19.00
韩诗外传选译	杜泽逊　庄大钧	董治安	24.00
盐铁论选译	孙香兰　刘光胜	黄永年	13.00
诗经选译	程俊英　蒋见元	刘仁清	19.00
楚辞选译	徐建华　金舒年	金开诚	15.00
贾谊文选译	徐　超　王洲明	安平秋	17.00
司马相如文选译	费振刚　仇仲谦	安平秋	11.00
文心雕龙选译	周振甫	黄永年	17.00
庾信诗文选译	许逸民	安平秋	18.00

书　名	译注者		审阅者		定价/元
嵇康诗文选译	武秀成		倪其心		18.00
谢灵运鲍照诗选译	刘心明		周勋初		18.00
陈子昂诗文选译	王　岚		周勋初	倪其心	14.00
李白诗选译	詹　锳	等	章培恒		22.00
高适岑参诗选译	谢楚发		黄永年		23.00
元稹白居易诗选译	吴大逵	马秀娟	宗福邦		21.00
柳宗元诗文选译	王松龄	杨立扬	周勋初		18.00
李贺诗选译	冯浩菲	徐传武	刘仁清		20.00
杜牧诗文选译	吴　鸥		黄永年		14.00
李商隐诗选译	陈永正		倪其心		19.00
唐五代词选译	亦　冬		董治安		16.00
唐文粹选译	张宏生		周勋初		18.00
晚唐小品文选译	顾歆艺		平慧善		15.00
黄庭坚诗文选译	朱安群	等	倪其心		18.00
辛弃疾词选译	杨　忠		刘烈茂		24.00
元好问诗选译	郑力民		宗福邦		20.00
宋四家词选译	王晓波		倪其心		16.00
黄宗羲诗文选译	平慧善	卢敦基	马樟根		15.00
吴伟业诗选译	黄永年	马雪芹	安平秋		20.00
方苞姚鼐文选译	杨荣祥		安平秋		20.00
明代散文选译	田南池		马樟根		22.00
顾炎武诗文选译	李永祜	郭成韬	刘烈茂		23.00
张衡诗文选译	张在义 韩格平	张玉春	刘仁清		16.00
汉诗选译	张永鑫	刘桂秋	金开诚		19.00

书　名	译注者		审阅者		定价/元
阮籍诗文选译	倪其心		刘仁清		15.00
三曹诗选译	殷义祥		刘仁清		22.00
诸葛亮文选译	袁钟仁		董治安		16.00
陶渊明诗文选译	谢先俊	王勋敏	平慧善		16.00
杜甫诗选译	倪其心	吴　鸥	黄永年		17.00
王维诗选译	邓安生	等	倪其心		20.00
刘禹锡诗文选译	梁守中		倪其心		20.00
孟浩然诗选译	邓安生	孙佩君	马樟根		18.00
韩愈诗文选译	黄永年		李国祥		20.00
欧阳修诗文选译	林冠群	周济夫	曾枣庄		20.00
曾巩诗文选译	祝尚书		曾枣庄		19.00
苏轼诗文选译	曾枣庄	曾　弢	章培恒		23.00
李清照诗文词选译	平慧善		马樟根		15.00
陆游诗词选译	张永鑫	刘桂秋	黄　葵		24.00
朱熹诗文选译	黄　珅		曾枣庄		20.00
文天祥诗文选译	邓碧清		曾枣庄		20.00
袁枚诗文选译	李灵年	李泽平	倪其心		20.00
王安石诗文选译	马秀娟		刘烈茂	宗福邦	18.00
二程文选译	郭　齐		曾枣庄		25.00
范成大杨万里诗词选译	朱德才	杨　燕	董治安		26.00
萨都剌诗词选译	龙德寿		曾枣庄		28.00
王阳明诗文选译	吴　格		章培恒		18.00
徐渭诗文选译	傅　杰		许嘉璐	刘仁清	17.00
李贽文选译	陈蔚松	顾志华	李国祥	曾枣庄	17.00

书　名	译注者		审阅者	定价/元
三袁诗文选译	任巧珍		董治安	17.00
王士禛诗选译	王小舒	陈广澧	黄永年	13.00
龚自珍诗文选译	朱邦蔚	关道雄	周勋初	13.00
尚书选译	李国祥	刘韶军	宗福邦	14.00
	谢贵安	庞子朝		
礼记选译	朱正义	林开甲	宗福邦	22.00
左传选译	陈世铙		董治安	22.00
国语选译	高振铎	刘乾先	黄　葵	22.00
战国策选译	任　重	霍旭东	李国祥	21.00
吕氏春秋选译	刘文忠		董治安	17.00
吴越春秋选译	郁　默		倪其心	19.00
史记选译	李国祥	李长弓	安平秋	29.00
	张三夕			
汉书选译	张世俊	任巧珍	李国祥	22.00
后汉书选译	李国祥	杨　昶	许嘉璐	24.00
	彭益林			
三国志选译	刘　琳		黄　葵	18.00
晋书选译	杜宝元		许嘉璐	15.00
宋书选译	漆泽邦	孔　毅	李国祥	19.00
南齐书选译	徐克谦		周勋初	18.00
北齐书选译	黄永年		安平秋	16.00
梁书选译	于　白		周勋初	17.00
陈书选译	赵　益		周勋初	17.00
南史选译	漆泽邦		安平秋	22.00
北史选译	刁忠民		段文桂	20.00

书　名	译注者	审阅者	定价/元
周书选译	黄永年	安平秋	15.00
魏书选译	杨世文　郑　晔	周勋初	22.00
隋书选译	武秀成　赵　益	周勋初	20.00
新唐书选译	雷巧玲　李成甲	黄永年	16.00
旧唐书选译	黄永年	章培恒	16.00
新五代史选译	李国祥　王玉德 姚伟钧	周勋初	18.00
旧五代史选译	贾二强	黄永年	17.00
宋史选译	淮　沛　汤　墨	曾枣庄	20.00
辽史选译	郭　齐　吴洪泽	曾枣庄	21.00
金史选译	杨世文　祝尚书 李文泽　王晓波	曾枣庄	21.00
元史选译	樊善国　徐　梓	马樟根	25.00
明史选译	杨　昶	李国祥	20.00
清史稿选译	黄　毅	章培恒	22.00
贞观政要选译	裴汝诚　王义耀	黄永年	18.00
史通选译	倸昌吉　钱安琪	周勋初	16.00
资治通鉴选译	李　庆	黄永年	16.00
续资治通鉴选译	徐光烈	安平秋	24.00
通鉴纪事本末选译	谈蓓芳	章培恒	21.00
洛阳伽蓝记选译	韩结根	章培恒	22.00
梦溪笔谈选译	李文泽	曾枣庄	20.00
徐霞客游记选译	周晓薇　等	黄永年　马樟根	17.00
宋代笔记小说选译	朱瑞熙　程君健	金开诚等	19.00
关汉卿杂剧选译	黄仕忠	刘烈茂	24.00

书　名	译注者	审阅者	定价/元
明代文言短篇小说选译	黄　敏	章培恒	23.00
六朝志怪小说选译	肖海波　罗少卿	刘仁清	21.00
世说新语选译	柳士镇　钱南秀	周勋初	23.00
水经注选译	赵望秦　段塔丽　张艳云	许嘉璐	19.00
唐人传奇选译	周　晨	曾枣庄	24.00
唐五代笔记小说选译	严　杰	周勋初	21.00
大慈恩寺三藏法师传选译	贾二强	黄永年	18.00
宋代传奇选译	姚　松	周勋初	22.00
聊斋志异选译	刘烈茂　欧阳世昌	章培恒	22.00
阅微草堂笔记选译	黄国声	安平秋	16.00
清代文言小说选译	王火青	周勋初	23.00
历代名画记图画见闻志选译	周晓薇　赵望秦	黄永年	17.00
容斋随笔选译	罗积勇	宗福邦	20.00
唐才子传选译	张　萍　陆三强	黄永年	24.00
西厢记选译	王立言	董治安	20.00
元代散曲选译	彭久安	刘烈茂　金开诚	21.00
日知录选译	张艳云　段塔丽	黄永年	22.00
桃花扇选译	张文澍	章培恒　段文桂	15.00
牡丹亭选译	卓连营	章培恒	14.00
长生殿选译	戚海燕	董治安	20.00